株での負けを癒《いや》す脱力系コミック

株トイプー物語

投資の楽しさ・怖さ・勝てるコツが1からわかる！

いぬまん 著・画

経済評論家
山崎 元 解説

KADOKAWA

本書掲載のコミックおよび解説文は、株式投資を志す読者の皆様の「転ばぬ先の杖」となること、そして「投資を通じて揺れ動くであろう〝自分の感情〟との戦いに克つためのヒント」となることを意図して執筆されています。

とはいえ、株式投資にまつわる最終的なご判断は、皆様ご自身の責任のもとで行ってくださいますようお願いをいたします。

また、本書掲載の情報は二〇二二年一月時点のものになります。将来的には、これら株式取引にまつわる情報が変更・更新されていく可能性もありますので、株式投資にあたっては、最新の情報をご自身で改めて収集されますことを強くお勧めいたします。

小社および著者・解説者は、本書の情報に基づいて被ったいかなる損害についても一切責任を負いませんので、ご理解のほど、よろしくお願いいたします。

なお、本書のコミック部分に登場する企業名、銘柄名、銘柄コードやＵＲＬなどは、すべて架空のもの（フィクション）であり、実在するものとは一切無関係です。

プーちゃん、株に出会う①

プーちゃんが住んでいるのは
トイプードルのプーちゃん
3歳　株歴0ケ月
東京のとある区にある犬専用ワンルームマンション
犬マンションの家賃は月2千円
光熱費　1万円
スマホ代　1万円
貯金もね！
アルバイト代からそれらを引いた残りがプーちゃんの食費とおこづかい
お金があるときは大好きなお寿司などを食べたりしているけどないときはドッグフードをおからでカサ増しして食べたりして暮らしている
もう一週間ずっとドッグフードだよー
DOG FOOD
そんなある日のこと
エー!!
1秒で100万円
正体は…
小学生!?
プーちゃんがテレビを見ていると衝撃的な光景が飛び込んできた

わん！POINT

良い節約の三原則は、①確実にできて、②ストレスが小さくて、③実害がないこと。固定費（定期的に確実に払うお金）で金額の大きなものから見直すのがセオリーだ。プーちゃんはスマホ代に節約の余地がありそうだ。株式投資の資金作りには、インデックス投信に毎月積み立て投資を行って、株式一単元が買えるお金が貯まったら個別株に投資する「リレー投資」をお勧めする。

プーちゃん、株に出会う②

空前の株ブーム
1秒で100万円稼ぐ少年
僕みたいな子供でも
簡単にお金が増やせるから楽しいです
こんな小さい子が
びっくり！
株で何百万も稼いでるなんてすごい！
よーしプーちゃんも明日から株を始めて
この子みたいにすぐ大金持ちになっちゃうもんねー！株って最高ー!!
その日の夜プーちゃんは株を知ったことでなぜか成功者の気分になってしまい
大将！いくらもう一個ください！
やばいくらいお金を使ってしまった

わん！POINT

投資を始める時と、始めてからでは、脳の違う部分が活性化するらしいとの研究がある。投資を始める前は脳の「儲けを想像してワクワクする部分」が活性化し、株を持って値下がりに直面した時には「危険を感じてゾクゾクするような」部分が活性化する。脳の中では別々の部分なので、偉い人がよく言う「リスクとリターンとのバランスを考えて投資しましょう」は、人間の脳にはなかなか難しいことなのだ。たぶん、犬にも難しい。

口座開設

わん！POINT

証券口座はネット証券に開設することをお勧めする。対面営業の窓口がある証券会社よりも取引の手数料が安いことに加えて、何よりも人間によるセールスにさらされずに自分だけで投資の判断ができることが長所だ。解説者は楽天証券というネット証券に勤めているのだが、選ぶのは楽天証券でなくても構わない。「大手なら、どこも大差ない。お好みで選んでよし」と少し格好をつけて言っておく。

株ってこわい

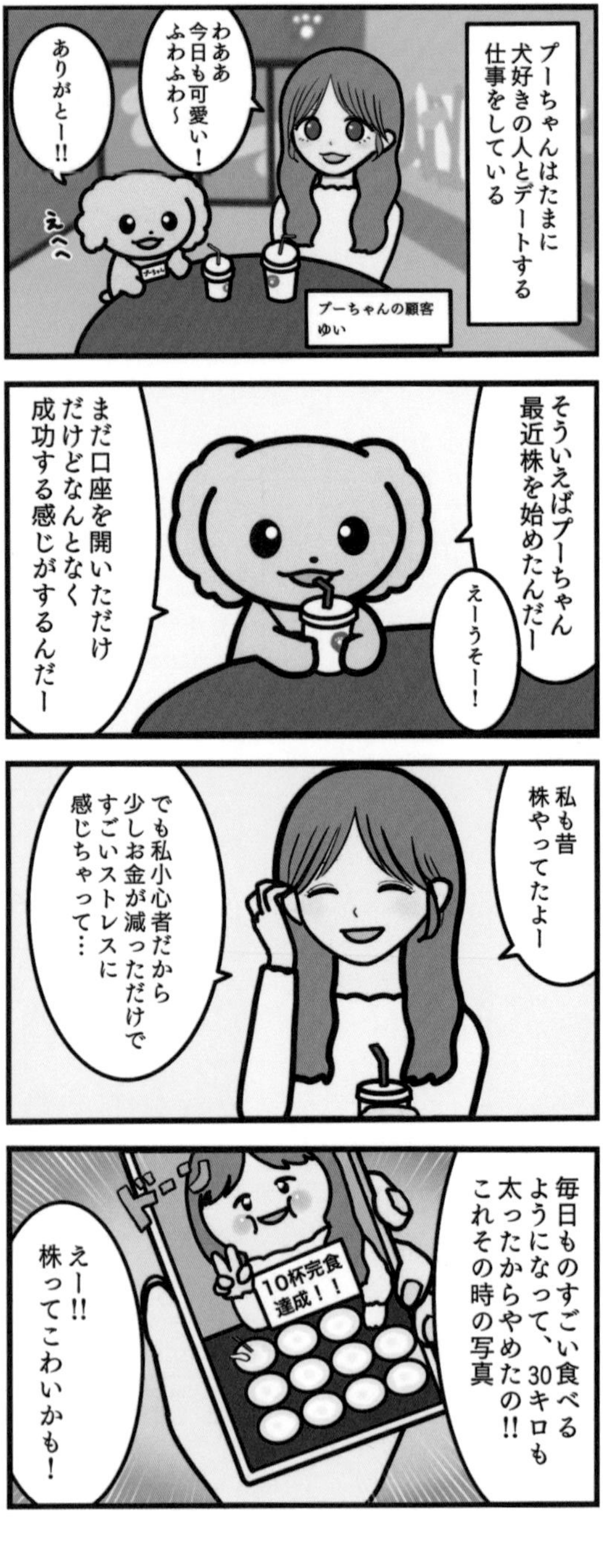
プーちゃんはたまに犬好きの人とデートする仕事をしている
プーちゃんの顧客 ゆい
わああ 今日も可愛い！ふわふわ～
ありがとー!!
えへへ
そういえばプーちゃん最近株を始めたんだー
えーうそー！
まだ口座を開いただけだけどなんとなく成功する感じがするんだー
私も昔株やってたよー
でも私小心者だから少しお金が減っただけですごいストレスに感じちゃって…
毎日ものすごい食べるようになって、30キロも太ったからやめたの!!これその時の写真
10杯完食達成！！
えー!! 株ってこわいかも！

わん！POINT

特に短期売買の個別株投資をしている人は、株価の動きが気になって仕方がなくて、これがストレスになる人が少なくない。サラリーマンの場合、スマホを持ってトイレに行って、株価をチェックするようになったら危険信号だ。実は、株式投資の本質は「株を売り買いすること」ではなくて、「株を持っていること」なのだが、これに気づかない人が多い。プーちゃんは、いつ気がつくだろうか。まわり道の予感がする……。

投資本探し①

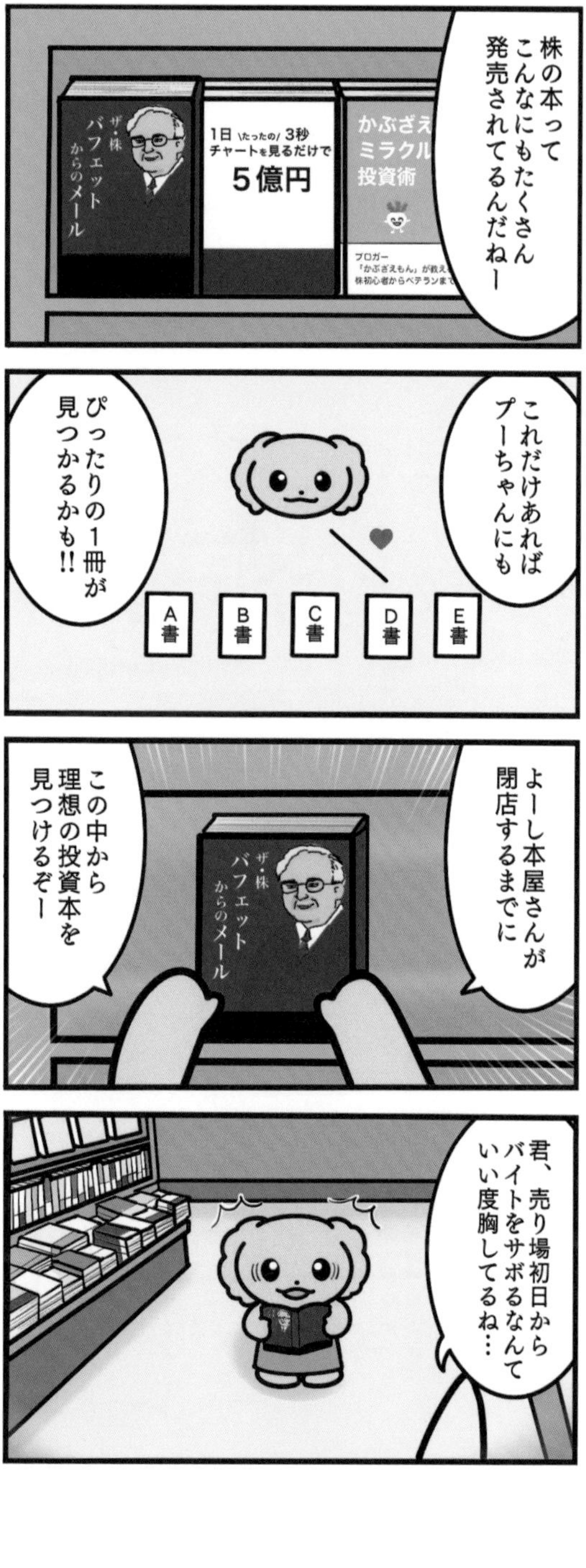
株の本って こんなにもたくさん 発売されてるんだねー
ザ・株 バフェットからのメール
1日 たったの 3秒 チャートを見るだけで 5億円
ミラクル 投資術
これだけあれば プーちゃんにも
ぴったりの1冊が 見つかるかも!!
A書
B書
C書
D書
E書
よーし本屋さんが 閉店するまでに
この中から 理想の投資本を 見つけるぞー
ザ・株 バフェットからのメール
君、売り場初日から バイトをサボるなんて いい度胸してるね…

わん！POINT

初心者にとっての、投資の入門書探しは難しい。最初は、1冊ずつ選んで順番に精読するよりも、複数の本を同時に買い込んで同時に読み比べるといい。全く知らない対象を早く把握するには、複数の入門書から多角的に全体像を把握するのが早道だ。実は、本によってちがうことが書かれていることもある（つまり投資の入門書にはマチガイもある！　ということだ）。入門書を10冊くらい読んだら、少し難しくても評判の高い専門書を読もう。

投資本探し②

株の本って字が多くて難しいね
プーちゃんの頭の中に全然入ってこないよ
この本は図がたくさん書いてあって少しわかりやすいかも
図解
初めての株式投資
でもプーちゃんにはこれでもまだ難しいかなあ
あーこの本は漫画で説明してくれてるからかなりわかりやすい!!
漫画でわかる！
株式投資
ただ漫画があんまりおもしろくないかも…
あーやっぱり漫画はこれくらいおもしろくないとね
プーちゃんが求めてた本が見つかっちゃったもんねー

わん！POINT

一般投資家向けの株式投資の本は、①儲かる個別銘柄の探し方、②儲かる売買タイミングの判断ノウハウ、③著者が儲けたという自慢話のいずれかか、これらの組み合わせが多い。それぞれ、上手に書かれていると読み物として面白いが、「信じすぎ」は禁物だ。ダメな本を信じるよりも、マンガでも読むほうが害は少ないね。

誰かに株をすすめたい

ビションちゃん!!
絶対株やった方がいいよ!!
プーちゃんの友達 ビションちゃん(ビションフリーゼ)
えーいきなりなんなのよー!!
株をやればお金がどんどん増えてお寿司食べ放題!!
将来の不安もなくなって良いことづくし!!
指先ひとつでお金が爆増するのに株をやらないのは本当にもったいないよ
ぬっ～
き…貴重な情報ありがとなのよー
でもノーアポで深夜2時に来るのはやめて欲しいのよー

わん！POINT

人間は、自分が少々不安に思うようなものを手がけた時に、同じものを他人に勧めて仲間を増やしたくなる性質を持っている。犬も同じかもしれない。悪い金融商品や詐欺商法などに引っかかるきっかけとして「友人の勧め」は少なくない。いわゆる口コミにも要注意だ。株式投資の勧めなら害はないかも知れないが、自分が買ったのと同じ銘柄を他人に勧めたくなると、友達を失うかも知れないから気をつけよう。

初めての株購入

わん！POINT

最初の「買い」はアマでもプロでも緊張する。解説者は投資信託のファンドマネージャーとして人生で初めて株式を買ったが（1986年のことだ）、最初の注文の時には「他人のお金なのに」緊張した。運用資金230億円ぐらいの中から1億円くらい、当時のある銀行の株式を買った。「最初に買うのが銀行の株だなんて珍しいね。山崎君、昔お金に苦労したことでもあるの？」と上司に言われたのを覚えている。

おすすめの株入門本

ムムッ…
うわー 株の本ってこんなに発売されてるんだー 迷っちゃうな…
店員さんすみません おすすめの株入門本ってありますか
プーちゃん株も本屋さんも始めたばかりだから まだわからないんだー ベテランの人に聞いてみるから ちょっと待ってね
え？
パシャ
プーちゃん
このおじさんがおすすめの株入門本を探しています！年齢50歳くらいで中肉中背です。ベテランの人教えてください！
さらすな笑
まず痩せろ
いきなり顔晒されてて草
かぶざえもんさんの本が良いですよ！

わん！POINT

本屋さんにお薦めの本を聞くと、自分たちが儲かる高い本を薦めてくる可能性がある。まあ、本屋さんはそこまで悪くないかもしれない。しかし、株屋さん（証券会社）にお薦めの株を聞くと、頻繁に売り買いするように勧誘されるし、株よりももっと手数料が高い投資信託などの商品をセールスされるかもしれない。たぶん、その程度には悪いはずだ。プーちゃんも気をつけるほうがいい。

資金管理

へー
どんなに上がりそうな銘柄でも一度に全部買っちゃだめなんだ
買う時期を分散させると
リスクも分散できるんだねー
プーちゃんも何か買うときはあせらないで
エイエイオー!
ちょっとずつちょっとずつ買うぞー
お支払い回数は?
リボ払いでお願いします
DOG FOOD

わん！POINT

この話のプーちゃんは致命的にダメだ！　先ず、買う時期を分散するのは気休めにはなるけれども合理的ではない。「適切な銘柄を、適切な金額分、直ちに買う」が正しい。分けて買えるお金があるなら、別の銘柄を買って分散投資を拡げよう。また、カードのリボ払いは絶対にダメだ！　株式投資に期待できる収益の3倍くらいの金利を取られる。解説者は、大学で毎年「リボ払いで買い物する恋人とは結婚するな」と学生に教えていた。

株アプリ

もっと便利で役に立つ株アプリないかなぁ

あ！これいいかも

株の情報を音声で教えてくれるアプリだって

おしらせくん

スマホをいちいち見なくていい

お役立ち

音声アプリ

HELLO

株の最新ニュースをあなたにお届け便利！

毎日流れるお知らせ

これでどんな時も最新情報をゲットできるから連勝間違いなし！

ピピ！登録完了しました

ピコーン！

15時です
本日のプーちゃん様の成績はマイナス8千円
トータルマイナス36万円になりました

わん! POINT

アプリなどで情報を早く入手して儲けようというアプローチは止めたほうがいい。そもそも、株式投資で確実に儲かる情報は少ないが、仮にあった場合でも情報の所有者はその情報を自分で利用した後にネットに流すはずだ。それ以外の情報はプラス・マイナス半々だけれども、半々ということは売り買いが増える分だけ収益にはマイナスに働く。ネット時代の遥か前から「早耳情報」に頼って上手く行かないのは常識だ。

株の達人マルちゃん

前日＋30万円…
今日もすごく簡単な相場だったよねー！
マルちゃん(マルチーズ)
株歴３年
とりあえず今日もＳＮＳに結果報告…と
今日は30万増えました！
やったね
タタタ…
ピコーン
あっ、ＤＭだ！
誰からだろー？
こんにちは
プーちゃんです
プーちゃんは今日また含み損が膨らみました。破裂しない風船みたいに膨らみ続けます。マルちゃんのように勝ちたいです。どうか投資法を教えてください。
ここがプーちゃんの家の住所です→〒151-00XX
わあー今日もこの子からだー
個人情報ガバガバすぎて
こわいよー

わん！POINT

いわゆる「億り人」（株で1億円を超える財産を作った人）をはじめとして、「儲かった」と自分で言う人には、「幸運なだけの目立ちたがり」と「本当は儲かっていない嘘つき」の2種類がいる。いずれにしても、本来、彼らが儲けを公開する意味を考えよう。「実際に儲かった人のノウハウを真似ると自分も儲かるかもしれない」と思うのは、素朴すぎて株式投資の世界では役に立たない。

マルちゃんの教え

あーマルちゃん!! きてくれて ありがとー
プーちゃん はじめましてー
ログインボーナスみたいに 毎日DMくれてありがとね
これからアタイが プーちゃんに 投資の全てを 教えてあげるわね
険しい道のりだと 思うけど頑張って ついてきてね!!
はい!!
プーちゃん頑張ります!! …よいしょっと
えっ!! 何!?
ピトッ
マルちゃんの教えを 24時間いつでも聞けるように 盗聴器をしかけたんだー
こわっ
ゾッ

わん！POINT

盗聴器とはプーちゃんも執念深いなあ。「儲けた人」の言うことをそのまま聞いて真に受けるよりは、「情報は本当なのか?」を自分でチェックするほうがいいので、人付き合いとしてはまずいかもしれないが、事実を正しく知るにはいい。しかし、「儲けた人」が過去に儲けた理由が将来も有効か否かは「ほぼ運次第」なので、過去に儲けた他人を真似るのは止めたほうがいいね。

握力

ンンー
プーちゃん!! こんなところで 何やってるの!!
あっ！ マルちゃん こんにちはー プーちゃん株には 握力が必要っていう 情報を見たから
こうやって鉄棒に ぶら下がって きたえてるんだー
えープーちゃん それ間違えてるよ
株をホールドし続けることを 比喩表現で「握力」って 言ってるだけで 本当の握力は必要ないわよ
えー!! そうなのー!! もうちょっと 早く教えてよー
プーちゃん素手で りんごジュース作れるように なっちゃったよ
ほら
グシャッ
そこまでやってて 気づかないのは やばいよ

わん！POINT

マルちゃんは意外にいい人（犬！）だったかもしれない。株式投資は投資先の企業の活動にお金で参加してリターンを手にする行為なので、企業に稼ぐ時間を与えるためにお金を長い時間働かせ続けることが重要だ。下手な投資家は直ぐに株式を売ったり買ったりしたくなるのだが、それでは儲かりにくい。「握力」を鍛えて、長期投資のメリットを手にしよう。

恐怖のバイオ株

マルちゃん!! 報告があります!!
なになにー てかプーちゃん ちょっと老けた?
プーちゃん いけると思って買った バイオ株で早速資金の 30%を失いました!!
ストレスで老化しました
えー!! なんでいきなり バイオに全力なのー
あとバイオ株の恐怖で プーちゃん 退場寸前です!!
ずるずる
さらに上の恐怖体験をして バイオ株の恐怖を忘れる しかないわね! アタイについてきて
ギィィ…
ギィッ…

わん! POINT

バイオ株のような人気・不人気で激しく動く株式に集中投資するのは賢くない。「リスクへの恐怖で投資から退場」のような残念な事態に至らないためには、分散投資が大切だ。バイオ株のようなリスクの大きな株に投資してもいいのだが、「全体の中の少し」になるようにしないと、投資家として長生きできない。

兼業投資家

この前プーちゃんが株式投資始めたって言ってたでしょ
うん!!
それで僕も真似して始めてみたんだよ
プーちゃんの顧客
マサハル
そしたら一週間で給料3ヶ月分もうかっちゃってさー
わあすごい
フンッ
必死に働いてる上司を見て悲しい気持ちになっちゃったよーテキトーに働いて株で増やせる兼業投資家って最高だわ
お、噂をすれば上司から連絡が…
テンテケテケテケ
山田課長
えっ!! 会社が倒産
わぁ……

わん! POINT

プーちゃんは顧客を持っていて立派だね。仕事をしながら投資家になるのはいいことだ。普通は株式投資の収入よりも、働いて得る収入のほうが大きい場合が多いので「本業」は大事にしよう。でも、今回は会社が倒産してしまったか。オジさんは株の儲けで少し助かったはずだ。買っていた株が勤め先の株でなくて良かった。「社員持株会」には注意が必要だ。

リアルクラウドファンディング

プーちゃん さらに入金力を 高めるために
株トイプー応援 プロジェクト…っと！
クラウド ファンディングで お金を集めちゃうもんね
あ…
これだから トイプードルは…
株の資金をなんで クラウドファンディングで 集めるんだよ
ちゃんと 働いて ください
でもネットで 株の資金集め なんかして いっぱい叩かれたら どうしよう…
そうだ！
リアル クラウド ファンディング だ!!
お金 いれてね

わん！POINT

クラウドファンディングは「リターンを返すことが期待されるお金」を集めたり、自分の評判（大切です！）を賭けてお金を集めたりすることになる。投資は「期限付きで返さなくていいお金」でじっくりやるほうが有利だ。今回のプーちゃんのリアルなお金集めは地味だけれども正しい。頑張れ、プーちゃん！（しかし、これで上手く行くのだろうか……）

落ちるナイフ

プーちゃんは「落ちてくるナイフはつかむな」っていう投資格言は知ってる?
もちろん知ってるよ
えっへん
だからプーちゃん買いたい株が急落してもすぐに飛び付かずにじっくり見るようにしてるんだー
いいわね!!じっくり見ればチャートがナイフに見えてくるから自然と買う気もなくなるしね
数日後
あーん急落中の株をつかんだら大変なことになっちゃったよー
え?この前ナイフの話したばっかじゃん
うん、それでプーちゃんチャートがナイフに見えたから買うのやめようと思ったんだけど…
さらにじっくり見てたら
ぼくは悪いナイフじゃないよ安心してつかんで!!
ってナイフが言ってきたからつかんじゃったんだー
うわぁ…

わん! POINT

株は株価が落ちる時に買うのも、そうでない時に買うのも難しい。株価が下落し終わって、上昇に転じ始めたように見える時でも、実は「上がるように見えたナイフ」が落ちるナイフ以上によく切れる場合があるので気をつけよう。「切れたとしても、傷は小さいから大丈夫だよ」と言えるくらいの投資額で個々の株式に参加できるといい。

株主優待

ビションちゃん
おまたせー
ぎょっ
えーなんなのー
その山盛りのごはん
プーちゃんが
株主優待で
もらったお米だよー
ほしひかり
株主になると
無料でもらえるんだー
すっごく
おいしいから
どんどん
食べて!!
えーわたくしお米だけで
食べるのは苦手なのよー
おかずがほしいのよー
その優待手に入れるために
買った株で大損しちゃって
おかずが買えなく
なっちゃったんだー
ドッグフードなら
あるよ
ハァ…
……

わん! POINT

株主優待狙いの投資はお勧めしない。お食事券でも、遊園地の入場券でも、優待に無関係な株式投資で大いに儲けたお金で「好きなもの」に使うといい。日本の株主優待は個人株主へのエコヒイキなので、外国人投資家に嫌われていることを知っておいて欲しい。エコヒイキされているので利用しても悪くはないが、ほどほどにしたほうがいいし、投資の判断にあっては優待に影響されないほうがいい。

悲しいとき

含み損が広がった時って
なんでこんなに
悲しいんだろー
このままだと
プーちゃんの心が
壊れちゃうから
なんとかしなきゃ
んーー
ひとまず
楽しい気分になるために
ダンスでも
してみよっと
フリフリ…
あぁー
なんか楽しく
なってきたかも!!
今度から含み損で
悲しい時はとりあえず
ダンスしよっとー
フリフリ
フリフリ
数ヶ月後…
イェー
ズンチャ
そこには
含み損が増えすぎて
プロダンサー
並みになった
プーちゃんがいた
ズンチャ

わん！POINT

投資で損をすると悲しい。自分が否定されたような気がするね。プーちゃんの気持ちはよくわかる。でも、投資は勝ち負けではない！　自分の損益にこだわらないことが重要だ（心理的には難しいけど）。なお、「含み損」と「実現損」を区別する考え方は有害だ。その時その時の現状をベースに、「これからのためにどうしたらいいか？」を考えることが投資でも人生でも（犬にも）重要だ。

もの言う株主

まんまるマン
まんまるコレクション
わーまた しかくマンだー これで3回連続だよー
パカッ
まんまるマンが欲しかったけど
これ以上やって出なかったらいやだし あきらめよ…
トボトボ
ガーン ガーン ガーン
あーママー! まんまるマンが出たー!!
あら~! よかったねー!
もしもし? オタカラトミーさんですか? 株主のプーちゃんと申します プーちゃんが手に入れるはずだったまんまるマンがおそらく株主でない者にうばわれました
つきましては株主のプーちゃんにまんまるマンを送っていただく事は… え、無理……? そこをなんとか株主優待ということで…

わん! POINT

影響力があるくらいの株式を買って、会社に注文をつける「物言う株主」が存在感を増している。彼らは、会社が持っている現金を配当したり自社株買いに使ったり、あるいは事業を分割して高く売れと要求したりする。要求は適切な場合も不適切な場合もあるが、彼らの目の付け所は株式投資の参考になるので、ニュースをよく見ておくといい。

暴落で得した気分

暴落すると悲しい
自分のお金が減るから悲しい

でもチャートをよく見れば、
あることに気づく
チャートが流れ星みたいで
きれいだなって気づく

普段はなんの特徴もない
ギザギザの線だけど
暴落の時だけは流れ星みたいに

とてもきれいで得した気分

明けない夜はないように
暴落した株もいつかは元に戻る
元に戻ると思うから握ってる
力いっぱいぎゅっと握りしめてる

いつかきっと元に戻ると思って
まるで宝物のように
肌身離さずずっと握りしめてる

そうしてそのまま
流れ星が消えてくように
ひっそりと市場から退場していく
もうこれ以上
損することはないから得した気分

爆損ブロガー

この投資ブロガーさん
とんでもない
損切りをしたみたいで
かわいそう…
かぶざえもんのハッピー投資日記
地獄　10/4
今日1000万円
損切りしました
私の年収の
100年分になりま
ブルブル
ちゃんと勉強しないと
プーちゃんもいつか
こうなっちゃうんだ…
ガタ
ガタ
あっ!!　でも逆に考えれば
正しく勉強すれば
損しないってことだ!!
とにかく株のことを
いっぱい調べて
いい情報を見つけ出して
やるもんねー
あーん
プーちゃんあの日から
株の情報じゃなくて
損してる人の情報を
探す体になっちゃったよー
Poogle
株　爆損
株　大損してる人
株　負けてる　ブロガー
株　人生最大
株　全財産　失った
株　悲報　体験談
株　大失敗
株　向いてな
わん！POINT

株式や外国為替で取引きしている人達の大好物は「他人が損した話」だ。プロでもそうなのだから、プーちゃんが興味を持つのも理解できる。もっとも、他人の損を横目に、「一杯勉強すると損しなくなる」と思い込むのは危険だ。大損するのは「自分を信じられるようになるくらい頑張った人」であるところが、相場の世界の怖さだ。

会社四季報

四季報を買ってきたよー
爆上げしそうな株たくさん見つけちゃうもんねー
10分後
あれ…? たくさんの文字を見てたら
うとうと…
すっごく眠くなってきちゃった…
まだ全然見つけられてないのにこのままだと寝ちゃうかも…
ガクッ
なんとか…眠らないようにしなきゃ…
ぐぐっ…

わん! POINT

四季報の読み方にはコツがある。「同じ期（同じ○○年××月期）の収益予想の以前の予想と今回の予想とを比べること」だ。前の決算から何%増益か？　を見る人が多いけれども、これは役に立たない。株価は「予想に対して」形成されるものだ。なので、過去の株価の動きを分析するには「過去の予想の変化」を知ることが必要だ。だから、四季報は、2年分くらいは捨ててはいけない。

テクニカル分析①

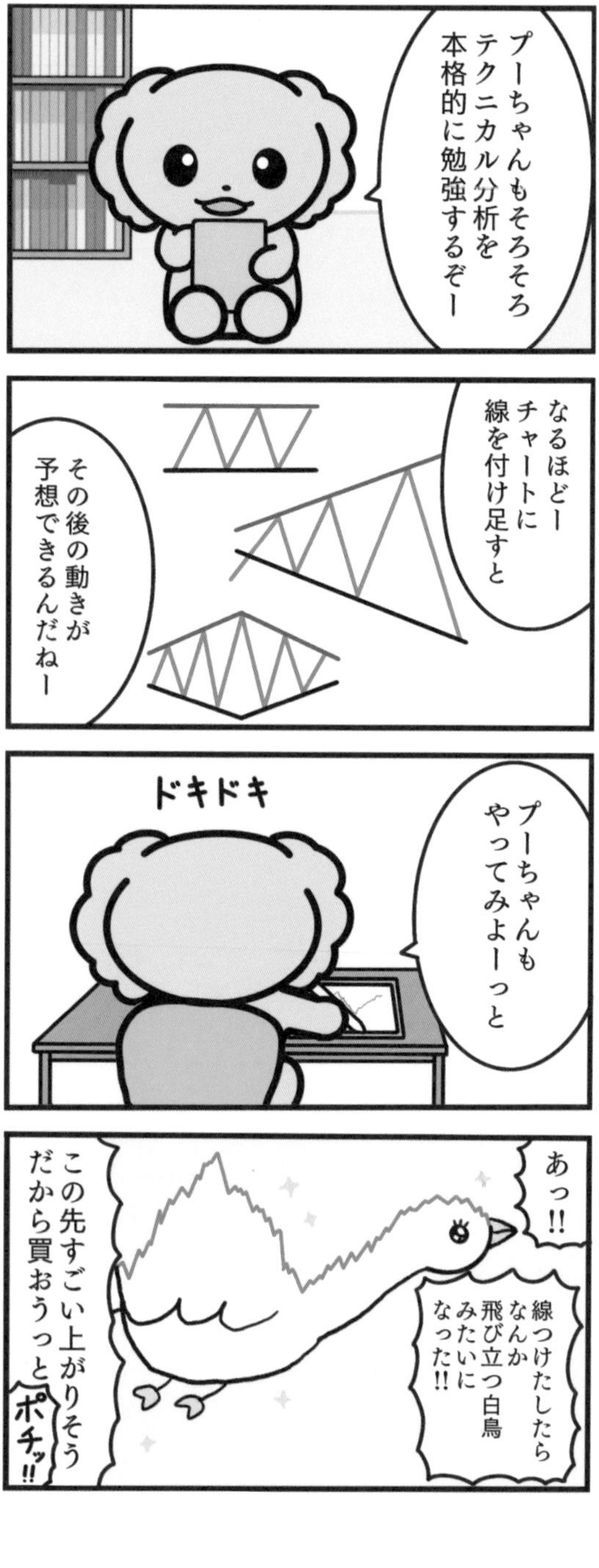

わん！POINT

テクニカル分析は役に立たない。これは、はっきり言っておく。プロの世界では常識だ。でも、テクニカル分析は「役に立つように見える」し「勉強するほど大事に思う」ようになる。これは、「占い」を勉強して深くハマると、占いが気になるのとよく似ている。過去の値動きを見て、将来の値動きが見えるように思うのは錯覚だよ。

テクニカル分析②

チャートを
たくさん勉強したけど
全然勝てるように
ならないなぁ
う〜ん…
チャート
チャート　全然勝てない
あっ!!
「テクニカル分析に
科学的根拠なし」
だって!?
はっ!!　しかも…
「目隠しした猿が
ダーツで選んだ銘柄と
専門家が選んだ銘柄での
売買の成績は
あまり変わらない」
だって!?

わん！POINT

プーちゃんがテクニカル分析に深入りしなくて安心したよ！　プロの銘柄選択とサルのダーツ投げによる銘柄選択は有名な喩えだけれども、事実はこれに近い。いい業績の会社の株価は高いし、ダメそうな会社の株価は安い。どちらがいいのかは、誰にも、なかなかわからない。だからこそ、安心して株を買えるとも言えるね。

急騰株

ふむふむ
へー今日は「スピリチュアルフードカンパニー」ってところの株がけっこう上がってるんだねー
でもプーちゃんは計画的に株を買うって決めてるからこういう急騰《きゅうとう》株に興味なんかないもんねー
ブンブン
興味なんか…
スピリチュアルフードカンパニーはマジでこのままテンバガーするぞ！今買わんと置いてかれる！
今スピカン買わない奴は株のセンスない投資家やめろw
チラッ
…う…うう…
スピカンの缶詰やばい！！賞味期限3000年の1月で草
スピカン持ってるだけで金が無限に増えてく〜
こちらの条件で発注してよろしいですか？
スピリチュアルフードカンパニー
89円
売買
数量
価格
執行条件
成行
本日中
ポチー!!
戻る
発注
うわぁぁぁーーー

わん！POINT

急騰株！　には、株式市場の参加者が①材料について行けていない場合、②過剰に熱狂している場合、③買わざるを得ない場合（空売りの買い戻しなど）がある。②と③の場合は参加すると火傷をする可能性が大きい。参加しないのが無難だけれども、どうしてもムラムラした場合は「ほんの少しだけ」だよ、プーちゃん！

プーちゃんの過去

プーちゃんは将来 すごいお金持ちになって ママに楽させて あげるもんねー
えっへん！
プーちゃんは やさしいねえ 楽しみに してるねー
なでなで
プーちゃん やさしー
じゃあ今日も 本を読んで あげるね
プーちゃん 本すきー
どっちがいい？
ウォール街の ランダム・ウォーカー
バートン・マルキール
敗者のゲーム
ランダムウォーカーのチューリップのところ！
プーちゃんは チューリップバブルが 好きだねー

わん！POINT

バートン・マルキールの『ウォール街のランダム・ウォーカー』は株式投資家がぜひ読むべき名著だ。特に相場の歴史を書いた冒頭部分はよく書けている。チューリップバブルの部分も素晴らしい。「人がいいと思うだろうから、これはいいものだ」という理解は役に立つけれども、「なぜ、いいのか」「値段がいくらまでならいいのか」について考えることが大事だ。プーちゃんは小さい頃からいい勉強をしているね。

インデックス投資

過去の値動きを見てみると
有名なインデックスのほとんどは上がってるんだね
過去の勢いを見て未来も上がると予想する投資家が多いからインデックス投資が人気なのかも!!
この勢いならこの先も飛んでいきそう
よ~しプーちゃんもインデックス投資に負けないくらい
過去に勢いがあったものを買っちゃうもんねー
THANK YOU

わん! POINT

過去の値動きは将来の値動きと無関係なので信用してはいけないけれども、インデックス投資は「広く分散された市場の平均」を持つことなので、お金を増やすためには地味だけれども有利な方法だ。プーちゃんは個別株投資を趣味にしているから頑張るといいけれども、インデックス運用は参考になる。個別株投資に疲れたらインデックス投資というのもありだ。

じり…
じり…

ビションちゃん、株を始める①

プーちゃんに押し切られてついに口座を開設してしまったのよー
ドキドキ
クワッ!!
ビションちゃんも絶対株やったほうがいいよ!!
とりあえずわたくしは少しだけ配当と優待がもらえる個別株を買って
個別株
インデックス
あとはインデックス投資をコツコツ頑張るのよー
あっすずちゃん！こんにちは～
何かおもしろいことがあったのー？
パタパタ
犬マンションの情報屋
すず（すずめ）

わん! POINT

ビションちゃんが始めた「インデックス投資プラス少々の個別株投資」は個人投資家にとって、資産形成と趣味を両立させる理想的な組み合わせかもしれない。ビションちゃん、冷静で凄い！　しかし、「配当と優待」で投資銘柄を選ぶのがいいかどうかは、考え直してみる余地があるかもしれないね。

ビションちゃん、株を始める②

チュンチュン
え!!
ビションちゃんが
ついに株を始めたのー!!
ビションちゃーん
株始めてくれてありがとう!
プーちゃんうれしすぎて
勝手に入ってきちゃったもんねー
ルン
わープーちゃんが
急に背後に現れたのねー
不法侵入なのねー
SNSやってても
プーちゃんひとりだけ
株初心者で心細かったんだー
うれしくて泣いちゃうよー
ぎゅっ
そうなのねー
これから一緒に
頑張ろうねー
それはそうと
プーちゃんの体
めちゃくちゃくさいのねー
気絶しそうなのねー
あーこれ
優待でもらった
ドリアン香水だよー
Durio
SF.Co.Ltd
もったいないからつけてる

わん！POINT

投資家同士が仲良くなって、お互いの投資について語り合い、投資情報を一緒に吟味するのは素晴らしい！　ただし、投資にはお金が絡むので、一方が他方に嫉妬したり、仲間がいることで気楽に同じ物に投資したりといった弊害が出てくることがあるので、注意したい。お互いの「におい」がわかるような距離ではないほうがいいかもしれないなあ……。

悪いことのあとには良いことが…？

あー
ペットボトルのフタがゆるんで
かばんがべちゃべちゃになっちゃった…
あああー
習字の練習してたら
昨日買ったばかりのジャケットに墨がとんじゃった!!
うわー
容量不足で録画されてない!!
あっこれ
プリンじゃなくて茶碗蒸しだ…
今日
これだけ悪いことが起きたって事は
ぐったり…
明日はその分
いいことが起こりそう！
いや、起こる！
起こしてみせる！
次の日
WSB
超健康食品
スピリチュアルフードカンパニー
前代未聞の粉飾決算

わん！POINT

自分がやったこととか自分の気分とかが自分が持っている株の株価変動の理由であるかのような「気分」を多くの投資家が持つ。しかし、「自分の気分や行いと持ち株の株価変動は無関係だ」ということをしっかり理解しておくほうがいい。それが真実だからだ。しかし、自分の日常のあれこれと、株価の動きを関連付けて考えるのも投資の楽しみの1つかもしれない。「ほどほど」がいいね。

縁起のいい日

わぁー
きれいな虹が出てるねー!!
茶柱が3本もたってる
めずらしー黄身が2つだー
わー
白いヘビだー縁起がいい
happy
こんなに縁起がいいことばかり起こるなんて
ワクワク
チラッ
今日のプーちゃんの株全部爆上げしてるかも!!
あー!!
なんかすごい損した気分…
1/1
ニュース
今日の株式市場はお休みです

わん! POINT

「持ち株の毎日の株価が楽しみだ」という感覚は株式投資を趣味とする醍醐味なので大切にするといい。株価が気まぐれに案外大きく動くことも含めて、よく見ておこう。もっとも、自分が株価を見たからといって、株価に影響があるわけではない。テレビの前で野球チームを応援しても試合結果に影響がないのと同じだ。

ヒットしそうな商品発見①

おじさんがお母さんとペアの服を着るのが密かなブームなんだー
40代独身男性を狙え！！母親とペアルッ
「withM.」社長インタビュー
男性用
女性用
with M
26,800円
25,000
12,000円
38,000円
田中社長:セットでも単品でも買えるようにしてます
早くからそこに目をつけて大人の母子ペア服を販売し始めたなんてこの会社すごい!!
カップルみたい？実は親子です。
♥ 75
先日米寿を迎えた母にペアの服をプレゼント☆喜んでもらえました。
♥ 672
SNSでの評判もすごくいいんだねー
この会社の業績はきっとまだまだ伸びる!!
プーちゃん早速株を買って応援しちゃうもんねー
今年は売り上げ1兆円を目指しています
スッ
あ…この会社上場してない

わん！POINT

有望な新製品！　のニュースを手掛かりに株式投資を考える人は少なくない。新製品には夢がある。もっとも、新製品がどれくらい売れるのかは、発売してみないとわからないことが多いので、新製品や新しいサービスの有望性を期待した株式投資の評価は難しい（実は、案外、悪材料のほうがその株価への影響を見積もることが簡単な場合がよくある）。

ヒットしそうな商品発見②

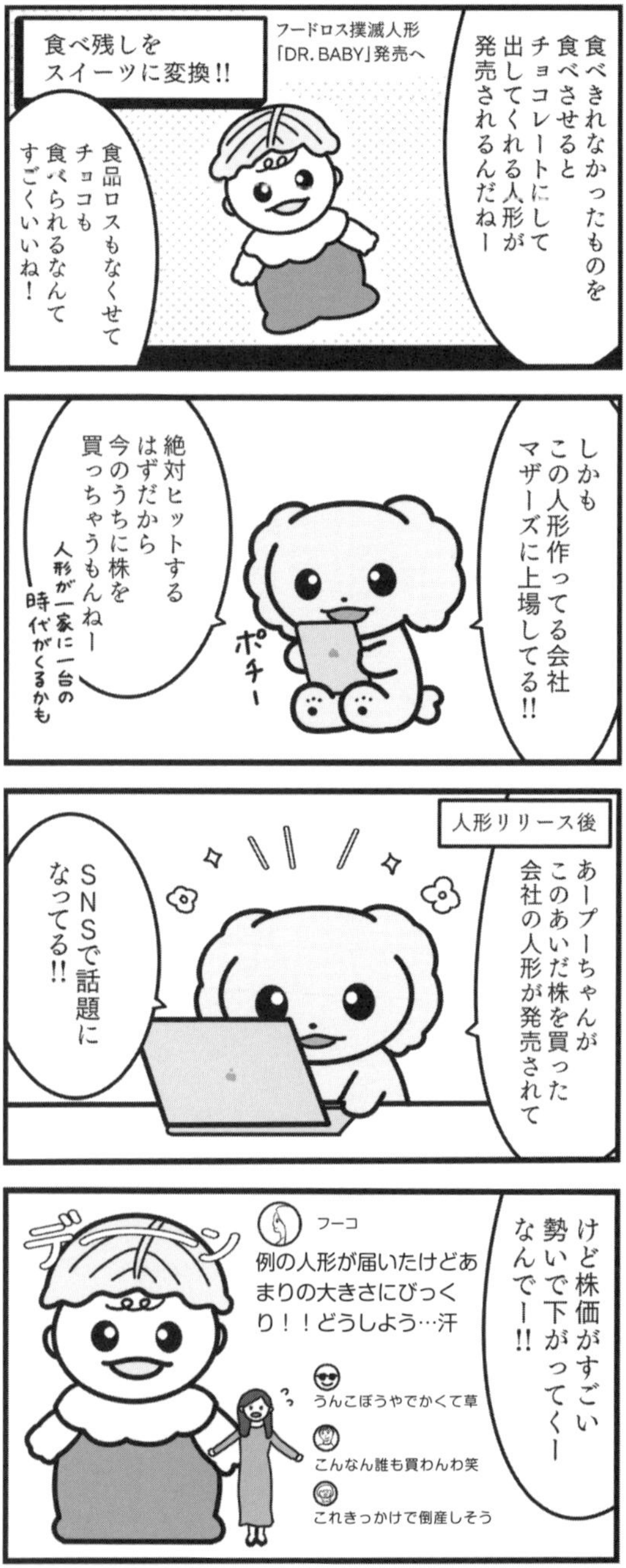

食べきれなかったものを食べさせるとチョコレートにして出してくれる人形が発売されるんだねー
フードロス撲滅人形「DR. BABY」発売へ
食べ残しをスイーツに変換!!
食品ロスもなくせてチョコも食べられるなんてすごくいいね！
しかもこの人形作ってる会社マザーズに上場してる!!
ポチー
絶対ヒットするはずだから今のうちに株を買っちゃうもんねー
人形が一家に一台の時代がくるかも
人形リリース後
あープーちゃんがこのあいだ株を買った会社の人形が発売されて
SNSで話題になってる!!
けど株価がすごい勢いで下がってくーなんでー!!
フーコ
例の人形が届いたけどあまりの大きさにびっくり！！どうしよう…汗
うんこぼうやでかくて草
こんなん誰も買わんわ笑
これきっかけで倒産しそう

わん！POINT

新製品の評価は難しい。アップルのiPhoneのように有名な製品でも新型商品の売り上げは発売してみないとわからない。意外な機種が人気だったり不人気だったりする。「凄い新製品！」は株式投資の手掛かりになる夢のある材料だけど、正しい評価が自分には難しいことを踏まえると、「少し投資してみる」くらいにとどめるのが無難だ。

株の事故

ウー
クゥン…
プーちゃん大丈夫？
あ……マルちゃんありがとう
株の事故って本当に怖いね プーちゃん油断したつもりはなかったんだけど ついに巻き込まれちゃった
株をやってれば急な事故に巻き込まれて
大損することは誰にでもあるわ
でもプーちゃんのは歩きスマホで株価を見てて電柱にぶつかっただけだから株は関係ないよ
ドン
わぁ！
あーあ
え!!

わん！POINT

株式投資で実際に起こる「株の事故」と呼べそうなものとしては、まず、注文の際の「売買や株数の誤り」が挙げられる。十分気をつける必要があるが、誤発注した時にはすぐに反対売買で訂正するのが原則だ。「手当」が遅れるとお金の命に関わる。その他の事故としては、他人に影響されて売買してしまう「貰い事故」がある。どちらにも注意したい。

株友達

人生相談

3歳のトイプードルです。少し前に株を始めたのですがどれだけ頑張ってもお金を増やすことができません。それなのにプーちゃんよりもあとに株を始めた友達は着実にお金を増やしています。

先日2人で株の話をした時のことです。

プーちゃんのお金がすごい勢いで減っていることを伝えようとはしました。しかし自分だけお金が減っていることが恥ずかしく、どうしても本当のことが言えませんでした。

それどころか逆にお金が増えてると嘘をつき、友達にちょっとだけ先輩面をしてしまいました。今そのことで心が苦しくなっています。

今からでも本当のことを伝えるべきでしょうか?

ジジ(シュナウザー)

多分ウソなのは友達に気づかれてます。気付いていて話を合わせてくれた友達を大切にしてください。

わん! POINT

ビションちゃんは、模範的な投資センスを持っているなあ! インデックス投信で分散投資して、これを盆栽のようにじっくり育てるのは、着実で、同時に有利な投資方法だ。今回、プーちゃんは見栄を張ってしまったが、投資について他人に語る時には自分の「見栄」の感情に気をつけることが大切だ。自分の言葉に合わせるためや、格好をつけるために、不適切な投資行動を取ってしまう場合もよくあるので注意しよう。

株は連想ゲーム

わん！POINT

連想をきっかけに投資のアイデアを得るのは、趣味としての株式投資の醍醐味の1つだ。プーちゃんも大いに楽しむといい。しかし、今回の「ナンピン買い」は感心しない。分散投資に逆行するし、自分の買値にこだわるのは良くない。一方、ビジョンちゃんは相変わらず投資のセンスがいい。缶詰への需要よりも、ゾンビによる経済の悪化のほうが、たぶん株価には大きく影響するだろう。

優待パーティー

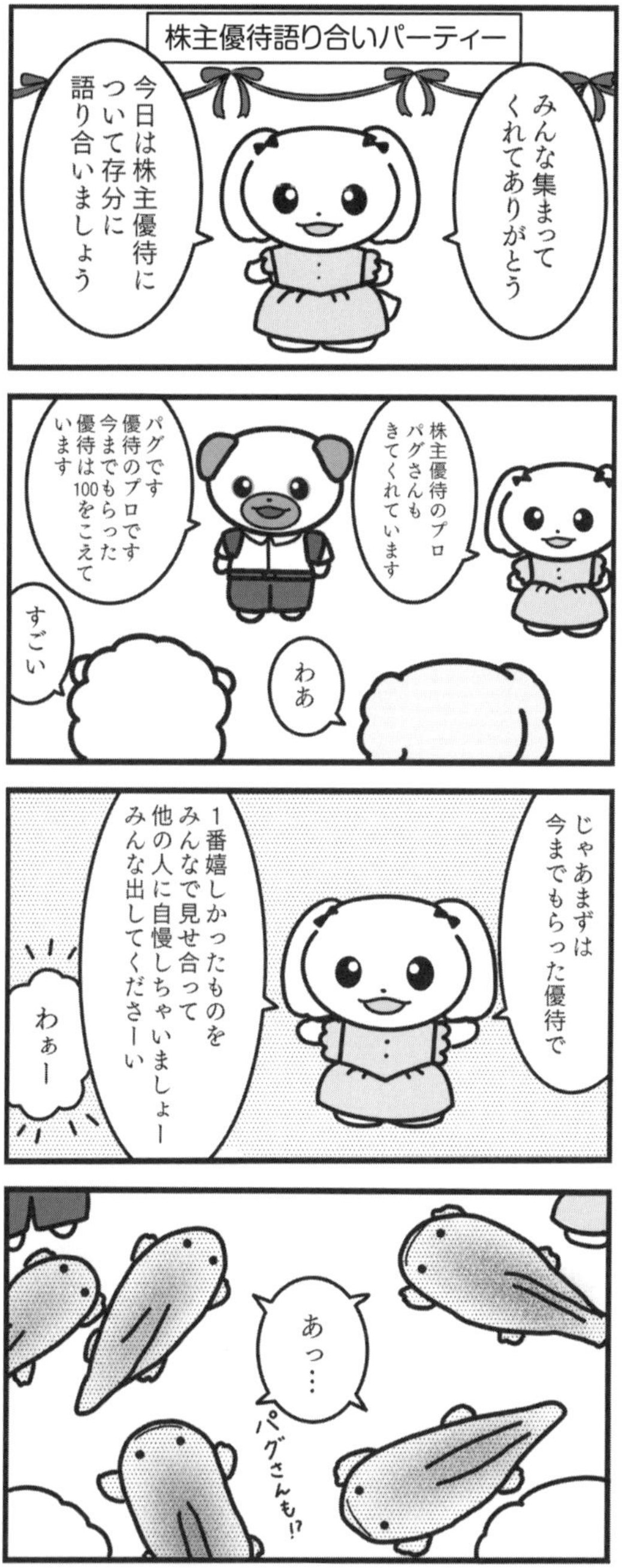
株主優待語り合いパーティー
みんな集まってくれてありがとう
今日は株主優待について存分に語り合いましょう
株主優待のプロパグさんもきてくれています
パグです 優待のプロです 今までもらった優待は100をこえています
わあ
すごい
じゃあまずは今までもらった優待で
1番嬉しかったものをみんなで見せ合って他の人に自慢しちゃいましょー みんな出してくださーい
わぁー
あっ…
パグさんも!?

わん！POINT

株主優待は個人株主の楽しみの1つだが、例えば外国人投資家にはデメリットになる（売却換金しなければならない）、株主を不平等に扱うことになるという問題がある。解説者は、株主優待が好きではない。優待にこだわらずに投資で大いに儲けて、できたお金を好きなものに使うといいと思う。「株価が下がっても優待があるからいい」という心理的な言い訳があるのも良くない。しかし、オオサンショウウオのぬいぐるみが優待にあるとは知らなかったな。

QUOカード大好き

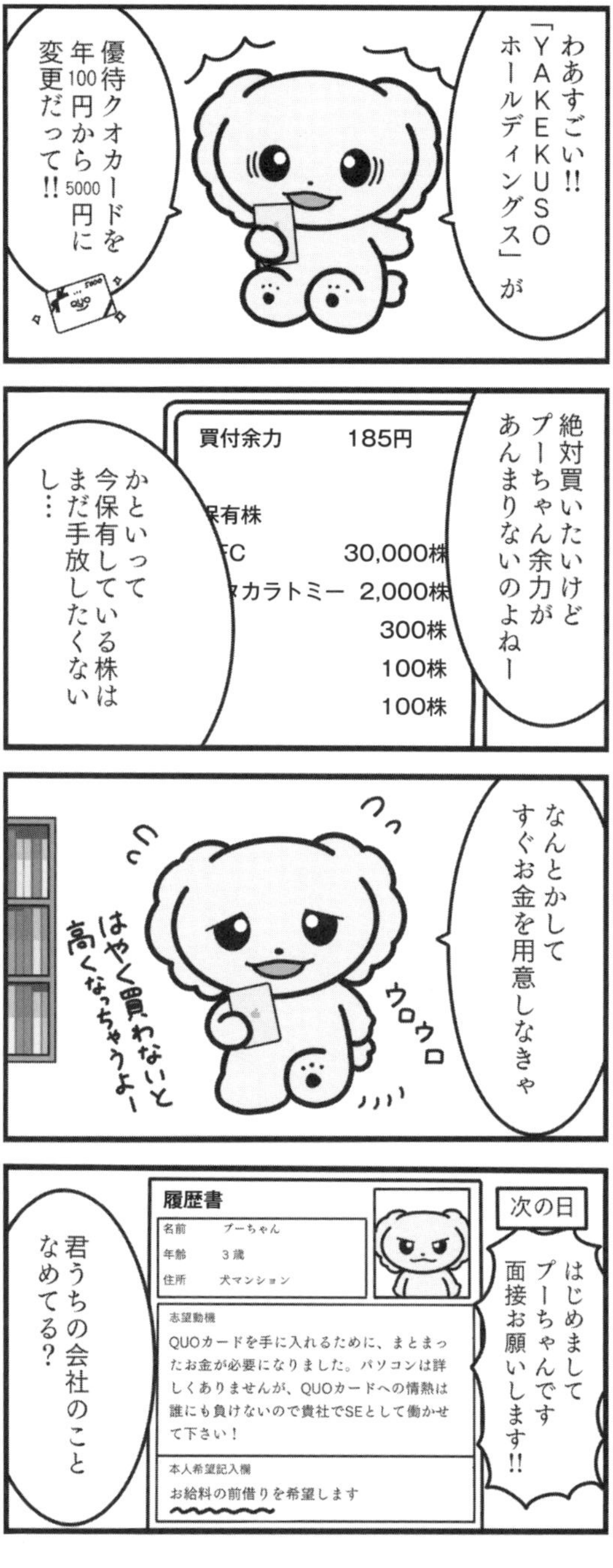
わあすごい!!「YAKEKUSOホールディングス」が
優待クオカードを年100円から5000円に変更だって!!
絶対買いたいけどプーちゃん余力があんまりないのよねー
買付余力 185円
保有株
FC 30,000株
カラトミー 2,000株
300株
100株
100株
かといって今保有している株はまだ手放したくないし…
なんとかしてすぐお金を用意しなきゃ
ウロウロ
はやく買わないと高くなっちゃうよー
次の日
はじめましてプーちゃんです面接お願いします!!
履歴書
名前 プーちゃん
年齢 3歳
住所 犬マンション
志望動機
QUOカードを手に入れるために、まとまったお金が必要になりました。パソコンは詳しくありませんが、QUOカードへの情熱は誰にも負けないので貴社でSEとして働かせて下さい！
本人希望記入欄
お給料の前借りを希望します
君うちの会社のことなめてる?

わん！POINT

優待のクオカードをいきなり50倍に増額するというのは、なんだか怪しい感じがするけど、いいとしようか。どうしても買いたい株があるのにお金が足りない場合、信用取引という手があるけど、失敗するとリスクが大きい。「前借り」とは図々しい希望だけれども、働いて資金を作ろうというプーちゃんは意外に堅実な投資犬だと見直したよ。

投資と投機

株での成功の鍵は「長期」よ！
長期＝投資
短期＝投機
「短期」で利益を得ようとしてよくわからない株を買うのは投資というより投機ね
投機はすぐに結果が出るからやっててすごく楽しいけど
半
長期的に見たら負ける可能性が高いわギャンブルと同じね
逆に投資は結果が見えにくいからとてもつらいけど長期では勝つ可能性が高いの
長期＝投資
・勝ちやすい
・つらい
短期＝投機
・負けやすい
・楽しい
キュッ キュッ
株をやってて楽しいと感じる瞬間があったら注意が必要かもね
ギュウ
ギュウ
チク
チク
いやつらさを感じればいいってわけじゃないから!!

わん！POINT

「投資」とは株式・債券・不動産などに資金を投じて経済活動に参加することだ。リスク負担に応じた追加的なリターンが期待できる。他方、FXのような「投機」は市場全体の勝ち負けの合計がゼロのいわゆるゼロサムゲームなのでリスクがあっても追加的なリターンは期待できない。株式の短期売買は、短期であっても投資の要素はあるけど、株価の短期的な値動きに賭ける勝ち負け半々の「投機」の要素が大きくなる。

NISA（ニーサ）

プーちゃんのこのお金よーく見て
ん？
普通のお金に見えるけど…
なんか特別なお金なの？
このお金はねー
プーちゃんがNISA口座で損切りした後に引き出したお金なんだー
だからねまだNISAの力がしみこんでるはずなんだー消費税無料になったりする？
は？何言ってんの？

わん！POINT

NISAは少額投資非課税制度のことで、年間120万円までの投資の収益に掛かる税金約20%が免除される仕組みだ。年間40万円までの投資の収益が20年間非課税になる「つみたてNISA」という制度もあり、お金が少ない初心者には、こちらがお薦めだ。NISAでは、投資対象を売却すると非課税の投資枠がその分消えてしまうので、長期投資しないともったいない。プーちゃんは損切りしないほうがよかったのでは？

含み益が出た

あー!!
プーちゃんの株 含み益が 少し出てるー!!
+5千円
自分の持ってる株が上がるのってこんなにうれしいんだ!!
神様がお金をくれたみたいな気分!! 最高ー!!
フリ
フリ
キリッ
よし!!
この後、プーちゃんの株は利益確定前に再び暴落した

わん！POINT

株式投資で含み益が出ると掛け値なしに嬉しい！　一方、給料では食べないような高級なお寿司でも、株式の儲けでなら食べてもいいような気になるのは、行動経済学で「メンタル・アカウンティング」（心の会計）と呼ばれる、非合理的だとされる現象だ。プーちゃんには「大好きなお寿司でも、ほどほどに！」と忠告しておくけど、お金は使うためにあるものなのだから、今日は大いに堪能するといい。

プーちゃんのブログ

チュン チュン
あ、すずちゃんたちが鳴いてる…
もう朝になっちゃったんだね
でもプーちゃんついに自分の株ブログを
のびーーっ
立ち上げちゃったもんねー
これからいっぱい記事を書いてたくさんコメントもらって読者のみんなと一緒に楽しい株ライフを送っちゃうもんねー
プーちゃんのインサイダー大作戦
ブログ始めました。
はじめまして、プーちゃんです
株式投資家です。
プーちゃんは最近「インサイダー取引」という
裏ワザをしりました。
そこでさまざまな人からインサイダー情報を集
めるためにブログを立ち上げました。
SNSだと怒られる可能性があるので

わん！POINT

ブログやSNSで投資に関する情報や思いを共有するのは趣味としての株式投資の楽しみの1つだ。自分の言葉に影響されたり、他人に見栄を張りたくなったりする気持ちに注意しながら、大いに楽しむといい。しかし、プーちゃん、冗談ならともかく、「インサイダー取引」を本当にやろうとするのはいけないよ。インサイダー取引とは会社の重要事実を知る人から未公開の重要情報を得て取引することだけど、これは犯罪として罰せられる。

買いたい衝動を抑えるには

プーちゃん SNSであおられた 株にすぐ 飛びついちゃう くせなおしたいよー
この情報すごい!!
ポチッ
大ケガする前に なんとかしないと いけないのよー
わたくし SNSのあおりを 見ないようにするのが 一番いいと思うのよー
えー!!
でもスマホ見てると 勝手に流れてくるし 見ないようにするのは 難しいよー
わたくしに いい考えがあるのよー まかせるのよー
どん。
次の日
どう？
あーたしかに 全然見えないかもー
スマホ自体 見えないもんねー

わん！POINT

ネットで流れている情報の影響には気をつけたい。投資家は本来自分が儲けたい人のはずだから、「自信のある儲け話」が本当にあっても、他人に教えないはずだ。ネットの情報には、①単に自分が情報を持っていることを誇示するための情報、②他の投資家を動かして自分が儲けようとするための情報、③詐欺など何らかの儲けの企みに伴う情報など危険な情報がたくさんあるから気をつけたい（多くは①でしょう）。

靴磨きの少年

へー靴磨きの少年が株の話をしたら
暴落しちゃうんだねー
はっ!! …ということは靴磨きさんをつかまえて株の話をしてもらえば
ピコーン!!
くつみがきは予言者!
そのあとすごくお得な価格で株が買えるってことだ!!
よーし
靴磨きさんを利用してプーちゃん大金持ちになるぞー

わん! POINT

米国の1929年の大暴落の前には株式投資ブームがあった。この時、靴磨きの少年に「どの銘柄を買ったらいい?」と問われた大金持ちが「こんな少年まで株に夢中になるとはブームの終わりは近い」と考えて持ち株を売って大暴落を逃れたという有名な話がある。確かに9割の人が株を買っていると、残り1割の人しか新たな投資家は増えることができないから天井が近いという理屈はある。でも解説者はこの少年をバカにした話が好きではない。

記念撮影

こんにちはー
ってプーちゃん何してるの？
記念撮影だよー
パシャ！
オタカラトミー 850円 100株
プーちゃん最近ホワイトボードに約定した銘柄を書いて記念撮影するのにハマってるんだー
とれたかなー
へーへんなのー
結構かっこよく撮れてるから見てみてよー
どれどれ
うわっ
すごいナンピン!!
オタカラトミー 1000円 200株
オタカラトミー 1100円 200株
オタカラトミー 1400円 300株

わん！POINT

ナンピン（買い）とは、株価が下落した持ち株を平均買い単価を下げるためにさらに買い増す投資行動のことだ。ただでさえ分散投資が不足がちな個人投資家が、1銘柄の投資を増やすことは感心しない。買うなら、別の銘柄を買ったほうがいい。投資は「勝ち負け」で考えるべきものではないので、1銘柄の損得にこだわるのは良くない。写真に映るプーちゃんの表情も株価の下落とともに険しくなっている。

食物連鎖

プーちゃん
そんなに口をパクパク
させて何してるの?
あ！ マルちゃん
プーちゃん株がうまく
いかなくてお金がないから
かすみを食べてお腹いっぱいに
しようとしてるんだー
えー何それー!!
そんな仙人みたいな生活
続けてたら行きたくない時に
天国に行っちゃうよー！
仕方がないから
アタイがお寿司でも
ごちそうするよ
わーやったー！
マルちゃん
ありがとう!!
プーちゃんは何もして
あげられないから
せめてすごくおいしそうに
お寿司食べるね!!
ありがとう
でもプーちゃんもちゃんと
食物連鎖に役立ってるんだよ
くわしくは説明しないけど
株式市場を介して
マルちゃんの養分になる
プーちゃんの
養分になる
株式市場で得たお金で
職人に作ってもらう
へーそうなんだー
食物連鎖最高!!

わん！POINT

株式市場で他の投資家の「養分」になるのは、短期の売買の「投機」で損をしているからだ。投資対象をじっと持つ「投資」でなら、他の投資家と一緒に投資先の企業から「養分」を得ることが十分可能だ。プーちゃんは、投機の輪から早く抜け出して、じっくりと投資して、自分のお金でお寿司を食べるといい。でも、「おいしそうに食べる」のがお礼だとわかっているとは、プーちゃんは性格がいい。

株情報から距離を置く

プーちゃん負けすぎて
自分の口座を見るのもつらくなってきちゃった…
気持ちが落ち着くまで株の情報から離れることにするもんねー
公園にでも遊びに行こっと
わーすべり台は楽しいねー
スイー
株の嫌なこと全部忘れられそう
チュチュンチュンチュンチュチュンチュンチュン（今日の日経平均暴落してるからプーちゃんの株も多分やばいことになってるよ）
パタ
パタ
ピト

わん! POINT

投資している株の値段を毎日チェックするのがいいか、時々チェックする程度で日頃は気にしないほうがいいかについては2論がある。解説者は、現実は見ておくほうがいいし、そのほうが知識や経験が増えると思うので、「余計な売り買いはしないほうがいいけれども、株価はしっかり見ておくほうがいい」と考えている。精神的に辛いことがあるかもしれないが、淡々とチェックしよう。損しても、たかだかお金で済む話だ。

優待インフルエンサー

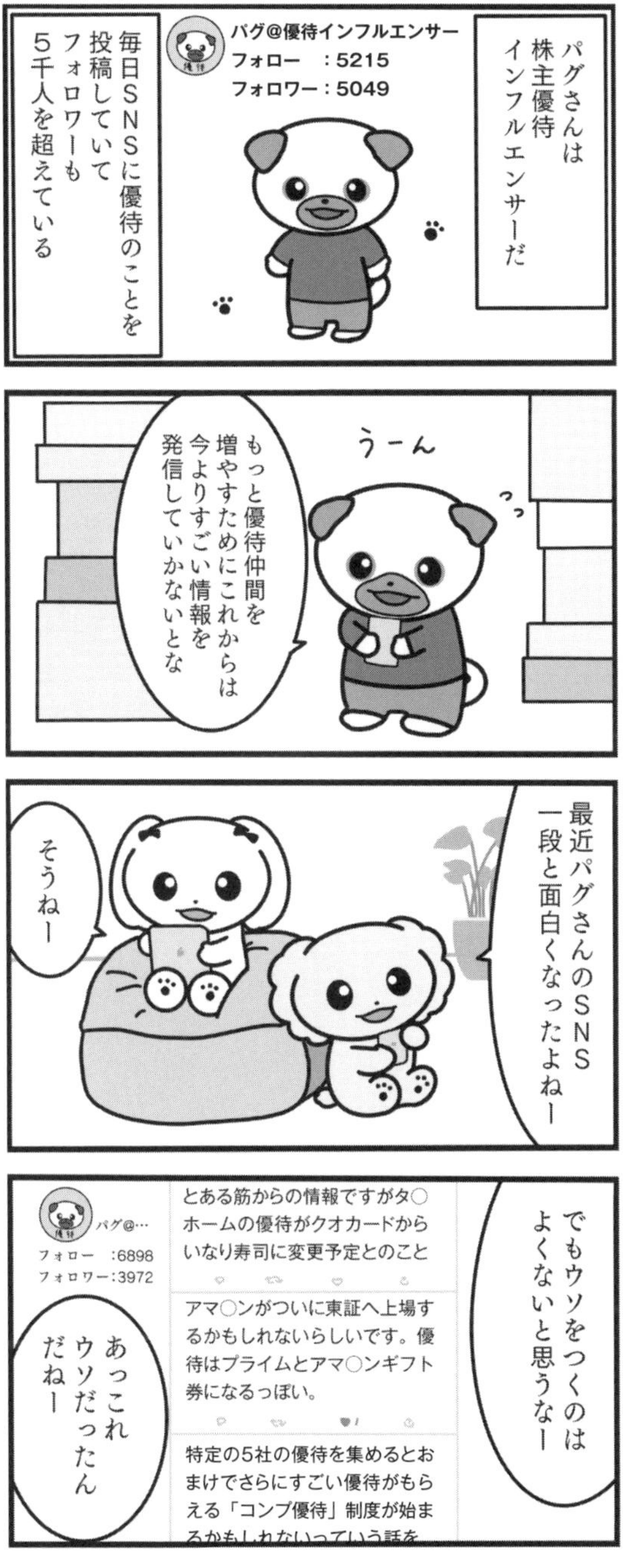
パグさんは株主優待インフルエンサーだ
パグ@優待インフルエンサー
フォロー　：5215
フォロワー：5049
優待
毎日SNSに優待のことを投稿していてフォロワーも5千人を超えている
うーん
もっと優待仲間を増やすためにこれからは今よりすごい情報を発信していかないとな
最近パグさんのSNS一段と面白くなったよねー
そうねー
でもウソをつくのはよくないと思うなー
パグ@…
フォロー　:6898
フォロワー:3972
とある筋からの情報ですがタ◯ホームの優待がクオカードからいなり寿司に変更予定とのこと
アマ◯ンがついに東証へ上場するかもしれないらしいです。優待はプライムとアマ◯ンギフト券になるっぽい。
特定の5社の優待を集めるとおまけでさらにすごい優待がもらえる「コンプ優待」制度が始まるかもしれないっていう話を
あっこれウソだったんだねー

わん！POINT

嘘の情報を流すのは、目的を問わず良くないが、自分の利益のために嘘の情報を流すことは、通称「風説の流布」と呼ばれる金融商品取引法上の違法行為になるから注意しよう。SNSでの発信に力が入りすぎると、自分をよく見せるためや、人気取りのために、投資行動そのものが歪むことがあるし、不適切な情報発信をしてしまうことがある。古来、相場師は自分のことを他人に語らないほうがいいとされている。

半年先

へー株価は
一般的に
半年先を
予測した価格に
なってるんだー
今ダメでも
半年先に
成功してそうな会社は
株価が高くなってたり
するんだねー
今
半年後(予想)
よーし
プーちゃんも
適正な株価が
わかるようになるために
半年先のことを
予想しながら
行動するぞー
ミーン
ミーン
ジリ…
ジリ…

わん! POINT

「半年先」かどうかは微妙だが、株価は将来の「予想」を基に形成されているのでそのあたりに注目するのは適切だ。株価は既に終わった前期の決算の利益よりも、これから訪れる今期の決算の「予想」に対して強く反応する。「半年先に何が発表されるだろうか?」と考えるのは目の付け所として正しい。

遭難

わん！POINT

長期投資、つまり有利で正しい株式投資をしているなら、株価は頻繁にチェックしなくていいし、何よりも余計な売買を極力減らす心掛けが大切だ。スマホで頻繁に株式を取引するのは、投資家としては好ましい状態ではないことを覚えておこう。

つみたてNISA

ビションちゃん
つみたてNISAはじめた
って言ってたから
プーちゃんがお役立ち
アイテム持ってきたよー
どうぞー
わぁ
ありがとー
なんなのーそれ？
これはねー
専門家の人が作ってる
すごいおふだだよ！
騙されたと思って
スマホに貼ってみてよ!!
そうなんだーつみたて
NISAは基本的に
ほったらかしておけば
いいと思ってたけど
こういうのも
やった方がいいのねー
しっかり
貼ってみたのねー
ジャーーン！
これ運気が上がる
おふだなのー？
ペタ
違うよー一度貼ると
二度と剥がれないから
スマホが見られなくなって
ほったらかしが
すごい
はかどるんだよー
・・・

わん！POINT

「つみたてNISA」だけではなく、投資は正しい分散投資の状態を作って「ほったらかし」にしておくのがいいし、「ほったらかし」にできるような投資が適切な状態だ。「つみたてNISA」は金融庁が長期投資に向くと判断したものに投資できる商品を制限しているので失敗しにくい。世界の株式（日本を含む）に投資するインデックス・ファンドで運用管理費用が安いものを選ぶといい。

悪徳投資インフルエンサー

今日も一発一億利確しましたーと
アサヒ@株のお兄さん
フォロワー:22580
今日も一発一億利確しました!!私のテクニックを知りたい方は是非私のオンラインサロンへ入会してください
→株のおにいさん
Kabuoniisan.com.jp
やっぱりトレードするよりテキトーなこと言って
株サロンの会員集める方が楽だわ
フゥー
トコトコ
?
にわか投資家の資金をサロンで根こそぎ奪ってやるぜー
ケッケッケ!
サッ
君にお金取られそうになったって通報があったけど…
えっ
コクコク

わん! POINT

ネットで「儲けた!」と情報発信している人の中には、本当に儲けた人と、嘘をついている人の2種類がいるが、どちらもうらやましがっていいことはないし、ましてや真似して儲けられるとは思わないほうがいい。仮にあるとしても「儲ける方法」は同じ手を使う人が増えると有効性が減少するのだから、そもそも教えてもらえないし、簡単に教えてもらえる方法は有効ではないと割り切ろう。もちろん、詐欺にも注意しよう。

投資エキスポ

第8回 投資EXPO
投資初心者歓迎！プロも納得！
一般の方
前売り券お持ちの方
ついに投資エキスポの会場に着いちゃったもんねー
ガヤガヤ
ねー
株以外の投資も学べるわよ
プーちゃんいろんなブースに行って
ダッ
投資マスターになってくる!!
たまに怪しいブースもあるから気をつけるのよ
数時間後
けっこう難しい話が多かったからマルちゃんと一緒でよかったのよー
そうねープーちゃんは一人で大丈夫だったのかしら？
おまたせーー！
ほくほく
バイナリーオプション
ほとんどのブースでうまくいけば百倍狙えるって言われたから契約に時間かかっちゃった!!
お土産ももらえて最高！
海外FX大使
プーちゃんそれ絶対騙されてるよ

わん！POINT

「投資ＥＸＰＯ」的な催しは、出店者がお金を出して儲けるために行われている場合が少なくない。向こうが儲かるということは、こちらが損をすることだと思って警戒しよう。エキスポやセミナーのようなイベントでは、他の参加者の熱気に影響されやすい点にも注意が必要だ。コロナ対策で有名になった「3つの密（密閉・密集・密接）を避けましょう」は投資の世界でも大切だ。

株をやって嫌なことは忘れよう

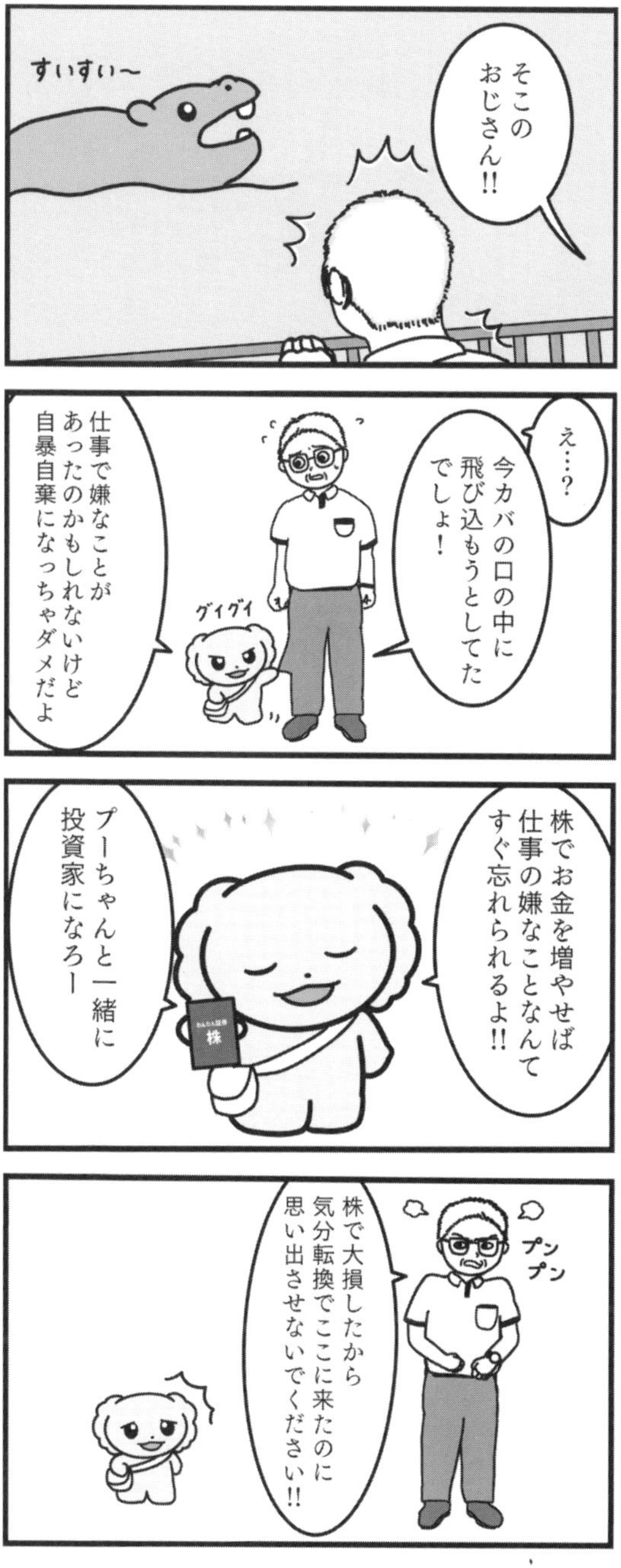
そこのおじさん!!
すいすい～
え…？
今カバの口の中に飛び込もうとしてたでしょ！
グイグイ
仕事で嫌なことがあったのかもしれないけど自暴自棄になっちゃダメだよ
株でお金を増やせば仕事の嫌なことなんてすぐ忘れられるよ!!
プーちゃんと一緒に投資家になろー
株
株で大損したから気分転換でここに来たのに思い出させないでください!!
プンプン

わん！POINT

株式投資には「いつ儲かるのかがわからないし、コントロールできない」という大きな特徴がある。米国の市場平均で言うと「株価が突然大きく上がった上位数十日」を除くと数十年分の値上がりの大半がなくなるというデータがあるくらいだ。だから、株式投資の調査が楽しくて仕方がないというような人以外にとっては、株式投資は「気晴らし」に向いた趣味だとは言えない。

株の負けを癒す

株の負けを癒すために
かわいいぬいぐるみを買っちゃったもんね
今日は10万円も含み損が増えたけど
いやされる〜
すりすり
この子のおかげで正気を保っていられるねー
数日後
ついに株を買うお金がなくなっちゃったよー
こわくて損切りできない
でもなんとかしてお金を用意するからプーたろうも応援してね
よし、いいかんじ！これで少しでもお金を稼がなきゃ！
トイプードルのぬいぐるみ
いいね！
コメント
犬の毛が少しついています
送料込み
¥500
購入

わん！POINT

株式投資では原則として「損切り」も「利食い」も必要ない。大事なのは「保有」だ。しかし、現在の持ち株よりも「ずっと優れた投資対象だ」と思える株がある場合は、現在の持ち株を株価が「含み損でも、含み益でも」関係なしに売却していい。自分の持ち株なのだから、自由にしていい。株ではなくても要らない持ち物を換金して手放すのはいいことだね。

株アイドル

プーちゃん
株をやる資金が
なくなっちゃったから
仕事を増やして
かせがないとなー
簡単そうな
仕事あるかな
あっ!!
株アイドルっていうの
募集してる!!
応募条件
年齢性別不問
株に興味がある
歌うことが好き
踊ることが好き
前向き
頑張り屋さん
条件もプーちゃんに
ぴったり!!
オーディション
いってみよっと
オーディション当日
株ってどんな
イメージが
ありますか?
頭良さそうで
すっごい
稼げるって
感じです
なるほど〜
ドキ
ドキ
では次16番の方…
ハイッ!!! プー
ちゃんの株のイメージを言います!
株は紳士と淑女のたしなみだと思っ
ております! 株はその昔、オラン
ダで設立された東インド会社によっ
て本格的に活用され合理的な資金調
達法として全世界に広まりました!
キリッ
そこから100年以上たった今も人々を
熱狂させ続けているのは本当にすご
いと思います!! プーちゃんも自販
機の下からお金を
日々の株式
参加してる
努力してる
あ、もういいです

わん! POINT

いろいろなビジネスがアイドルを利用しているが、株式投資の世界にも通称「株ドル」と呼ばれるようなアイドルが古くから（今も）存在する。株ドルは自分やスポンサーの利益のために情報発信しているケースが多いので要注意だ。解説者は、かつてある株ドルさんが「仕事のためには嘘もつかなければいけないから辛いわ」と言っていたのを思い出す。プーちゃんには向かない仕事だと思う。

バブル

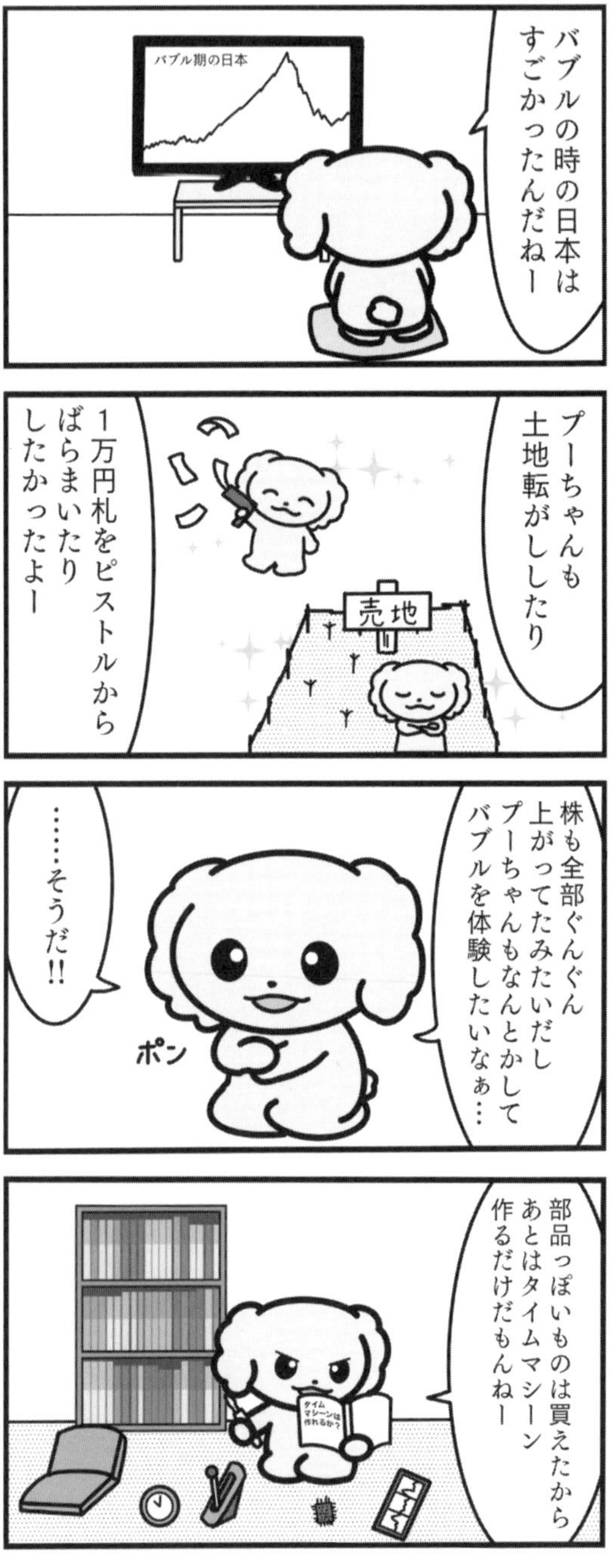
バブル期の日本
バブルの時の日本は
すごかったんだねー
プーちゃんも
土地転がししたり
売地
1万円札をピストルから
ばらまいたり
したかったよー
株も全部ぐんぐん
上がってたみたいだし
プーちゃんもなんとかして
バブルを体験したいなぁ…
……そうだ!!
ポン
部品っぽいものは買えたから
あとはタイムマシーン
作るだけだもんねー
タイムマシーンは作れるか？

わん！POINT

日本のバブルは規模も大きかったし、バブルの特徴を全て備えた「立派なバブル」だった。バブルは借金による投資が膨らむことで起こる資産価格の高騰現象だ。金利が低くて金融緩和状態にあることと、投資家がリスクを小さく見積もるような「仕掛け」がそろうと発生する。バブルの天敵は中央銀行による金融引き締めだ。ただ、投資家はバブルとその崩壊を予見できないので、上げにも下げにも付き合うつもりで長期投資するのがいい。

タガが外れた人

ああああああああ
あああアアーッ!!
かっぱ
証券
ビクッ
あっもしもしマルちゃん?
ウワァァア
アアア
今証券会社の
株価ボードの前に
タガが外れちゃった
人がいるんだー
へー
そうなんだー
保有してる株が
暴落したのかなあ
そんなの無視して
はやくきなよー
ウワァーン
ワアアァァアア
もしかして
プーちゃんも
株を続けてたら
いつかこうなっちゃうの?
ウワァァア!!
その素質はあるわね
暴落した株価を見ても
大声出さないように
気をつけないとね
アオーン!!
(遅くなってごめんー)
フガフガフガー
うわっ!!
口輪買ってきてる!!

わん! POINT

投資に向かないのは、投資を勝ち負けで考える、負けず嫌いな人だ。投資で損をすると自分が負けたように思う人は、投資の損を無理に取り返そうとして損を重ねやすいし、投資の失敗で自分を否定されたように感じるので、精神的に参ってしまうことがある。プーちゃんが、その状態を怖れることは正しい。リスクと一緒にストレスも上手に管理することが投資家には必要だ。

含み損から一発逆転

含み損は膨らむ
変な株を買うと驚くほど膨らむ

でも実は膨らんでも大丈夫
どれだけ膨らんでも
見なければノーダメージ
見なければ何も起こってないのと同じ

見ないで耐えて耐え抜いて
爆上げするその時を待ち続ける

ゼロにさえならなければ
助かる可能性はある
一発逆転の可能性はある

そうして今はもうどうにもならない状態
誰かがタイムマシーンを
完成させてくれるのを
ずっと待ってる状態
過去に連れてってくれないと
やばい状態

タイムマシーンさえできれば
全ての含み損を
なかったことにできる
含み損から一発逆転できる

散歩で、上がる銘柄探し

へーいい銘柄を探すには街を散歩して流行ってるものを探すのがいいんだね
プーちゃんもやってみよっと
あっ！まんまるマンの映画が始まったんだよねー
プーちゃんも早く観に行きたい!!
本日公開
奪われたまんまるマンのお弁当……
映画 まんまるマン
消えたお弁当
写真を撮ってる人もいっぱいいるし
まんまるマン関連銘柄がくるかも
撮るよー
本日公開
まんまるマ
たお弁当
おもしろかったなー
うん
犯人がしげるだったのは驚いたな
!
ガーン

わん！POINT

「街で流行っているもの」が投資のヒントになることは確かにあるけれども、利用方法は意外に難しい。「既に流行っているもの」は既に株価に反映されていることが多いし、「これから流行りそうなもの」は将来どのくらい流行るのかがわからない。映画はネタバレすると困るけど、株式投資ではネタバレしてくれないから困る。もっとも、先のことがわかってしまうと、株式の高いリターンは消えてしまう仕組みになっている。

株を始めたいおじさん

この歳になって株の入門本を買うのは少し恥ずかしいな…
キョロ
キョロ
極力誰にも見られずに買って帰りたい…
佐藤清　68歳
でも…この書店広すぎてどこに株のコーナーがあるか全くわからない
店員さんに聞くの恥ずかしいから嫌だな…
こんにちはー
プーちゃんおじさんの顔見ただけで何の本探してるかわかっちゃったもんねー
じー
案内するからついてきてー
お…おお!? ありがとう
ここが転生小説のコーナーだよー
転生・なろう小説コーナー
エエーッ!!
アニメ化決定!!
おじさん転生したそうな顔してたもんね

わん！POINT

株式投資は体力を要しないし高齢でも楽しめる趣味だ。しかし、早く知っているほうが格好がいいと思うことが多く、高齢者や偉い人は、入門レベルから始めることを他人に知られたくないかもしれない。だが、「他人は自分のことをそれほど気にしていない」という事実は、投資家もそうでない人も知っておくほうがいい。「自意識過剰」は人生の邪魔だ。投資の世界にあっても例外ではない。

株は逆に動く

プーちゃんが
買いボタンを押すと
株価がずるずる
下がっていって
売りボタンを
押した瞬間
反発しだすの何とか
してほしいよー
ぐすん
なぜか目的地と逆方向の
電車に乗ってしまう人も
こんな気持ちなのかなあ
ピコーン
この感じ…
完全に逆方向に
すすんでる
そうだ!!
どんな時でも
プーちゃんが思った方と
逆のボタンを
押せばいいんだ
買いは売りボタン！
売りは買いボタン！
今はひえひえの
ジュースが飲みたいから
……これかな？
つぶつぶ
コーンポタージュ
とうもろこしの甘み
¥130
あったか〜い
小豆入り
おしるこ
あまくておいしい
¥130
あったか〜い
ピッ

わん！POINT

株式投資で重要なのは、自分の気持ちや行動が株価の動きと関係していると思わないことだ。あなたは将来の株価の動きに影響を及ぼすような大物ではない！　「買い」のボタンを押すと株価が下がり、「売り」のボタンを押すと株価が上がるように思うのは、「たまたま起きている現象」を過剰に解釈したに過ぎないと思うべきだ。それに、そもそも頻繁に売り買いしなければ「株価が逆に行く」ことを気にする必要はない。

プーちゃんのスマホ

あっ!! あやまって スマホを 池に落とし ちゃった!
ポチャーン
あなたが落とした スマホは 口座が プラスの方ですか?
それとも マイナスの方ですか?
+10万
△45万
スーッ
プラス10ま…… ………
いや… 含み損が すごい方です
プーちゃんのスマホが 無事でよかったー

わん! POINT

プーちゃんはママとの思い出を大切にしてるんだね。最近のスマホは防水機能が強力なものが多いね。池ぽちゃくらいなら大丈夫だろうけど、もちろんスマホが常に機能するとは限らない。スマホと、パソコン、あるいはタブレット端末など、複数の機械から証券口座にアクセスして操作ができるようにしておくほうがいい。スマホは忘れたり、なくしたりすることがあるし、パソコンにも故障がありうる。投資を含むお金の管理は複数の端末からできるようにしておきたい。

バイオ株で大逆転

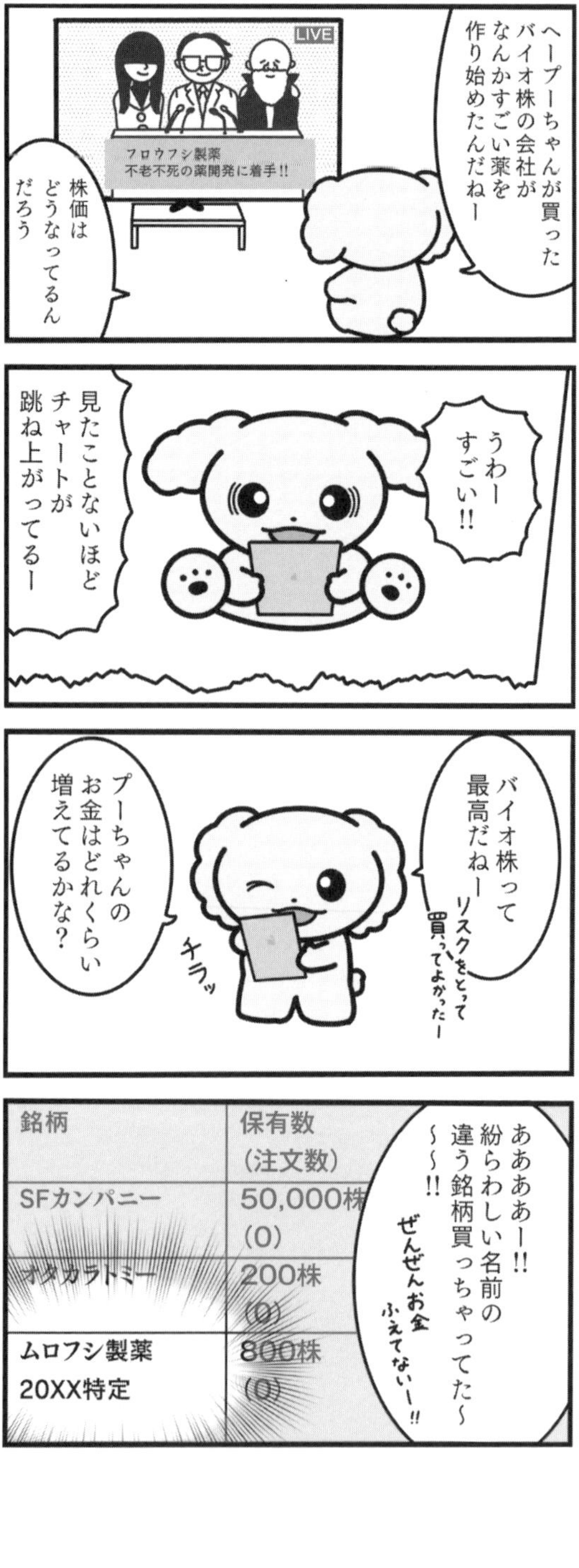

へープーちゃんが買った
バイオ株の会社が
なんかすごい薬を
作り始めたんだねー
LIVE
フロウフシ製薬
不老不死の薬開発に着手!!
株価は
どうなってるん
だろう
うわー
すごい!!
見たことないほど
チャートが
跳ね上がってるー
バイオ株って
最高だねー
リスクをとって
買ってよかったー
チラッ
プーちゃんの
お金はどれくらい
増えてるかな?
あああー!!
紛らわしい名前の
違う銘柄買っちゃってた〜
〜〜!!
ぜんぜんお金
ふえてないー!!
銘柄
保有数
（注文数）
SFカンパニー
50,000株
(0)
オタカラトミー
200株
(0)
ムロフシ製薬
20XX特定
800株
(0)

わん！POINT

マンガのようにしばらく気が付かないことはないとは思うけれども、買う銘柄を間違えたり、株数を間違えたりすることは、投資家も人間だから（犬でもだろうが）ありうる。自分の売買の間違いに気付くためにも、自分が今何を持っていて、どのような状況になっているのかについてはチェックする習慣を持つといい。あまりにも基本的なことだけど、案外重要だ。

信用取引

プーちゃん信用取引っていう裏ワザを発見したからさっそく使っちゃったもんねー
信用取引の極意
自分が持ってるお金の3倍くらいの株が買えちゃう禁断のワザだから
100万円
30万円
持ってるお金
買える株
成功も失敗も3倍になる!!
プレッシャーがけっこうすごいけどプーちゃんがんばっちゃうもんねー
3日後
失敗も3倍って思うと…
プレッシャーがすごすぎて眠れない日が続いてるよ…
さらに数日後
全然眠れなくてくまが全身に広がってきたかも
信用取引ってけっこうやばいね

わん！POINT

信用取引での買いは「借金による株式投資」と同じだし、株価が下がると追証（証拠金の追加）や強制的な決済などが生じて大きな損失につながる場合がある。今回のプーちゃんのようにプレッシャーに対して強いストレスを感じる人は信用取引を利用しない範囲で投資するほうが無難だし、長続きしやすい。投資は本人にとって長く続けられる方法がいい。

ストレス解消

みんなは含み損が
一気に増えちゃった時の
あのとんでもない
ストレスをどうやって
解消してるんだろう…
投資インフルエンサーの人に
ちょっと聞いてみようかな
あ、返信くれたー!!
やったー!!
七三@スーパー投資家
含み損が増えたときのストレスはどうやって解消していますか？
ストレス解消とは少し違うかもしれませんが、怒りで衝動的にモニターをパンチして割ったことは何度かあります笑
えっ⁉
モニター
割っちゃうのー!!
プーちゃん
パンチ力がないから
手をケガしそうで
こわいかも…
でもストレスは
解消したいしなぁ…
一体どうすれば…
その後
プーちゃんは
モニターを割るための
修行を開始した
ググググ…
1. 2. 3..

わん！POINT

損は嫌だね。モニターはただ情報を表示しているだけだけれども、損を表示する時、モニターが憎くなる気持ちはわからなくもない。ほどほどのものなら、ストレスとの戦いも趣味としての株式投資の楽しみの範囲なのだが、道具を壊すようになるのでは良くない。解説者は「損をしても、しょせんは金で済む話だ！　いいではないか」と呟いて一旦冷静になることをお勧めしている。

VR株式チャート

ついに買っちゃったー!!『VR株式チャート』
PC
VR株式チャート
チャートを感じろ
こんなソフト初めて見たのよー ただならぬオーラを感じるのよー
早速始めてみよー
VR株式チャート
1人用
2人用
設定
開始
えっ？ 待って!! このソフトやばいのよー 2人用があるのよー
本当にチャートのソフト？
プーちゃんの保有株で試してみちゃうもんねー
4×49 スピリチュアルフードカンパニー
ピッ
ドキドキ…
すごい不安なのよー
わー急落してくー！ ジェットコースターみたいで楽しいー
ヤッキャー!!
チャートの上をソリで走るゲームだったのよー
これどこに売ってたのよー

わん！POINT

チャート分析は、ハマると抜け出せなくなることがあり、VRと似た面があるかもしれない。株価が上下する動きにリアリティを感じてしまい、将来に対して「意味がある」ように思えてしまうのだ。しかし、チャート分析に予測の役に立つ意味がないことは運用業界のプロ達の常識だ。チャートが役に立つことがあるのは、過去の利益予想の変更と照らし合わせて「過去を分析する時」くらいだ。チャートには凝らないほうがいい。

ゲーム株①

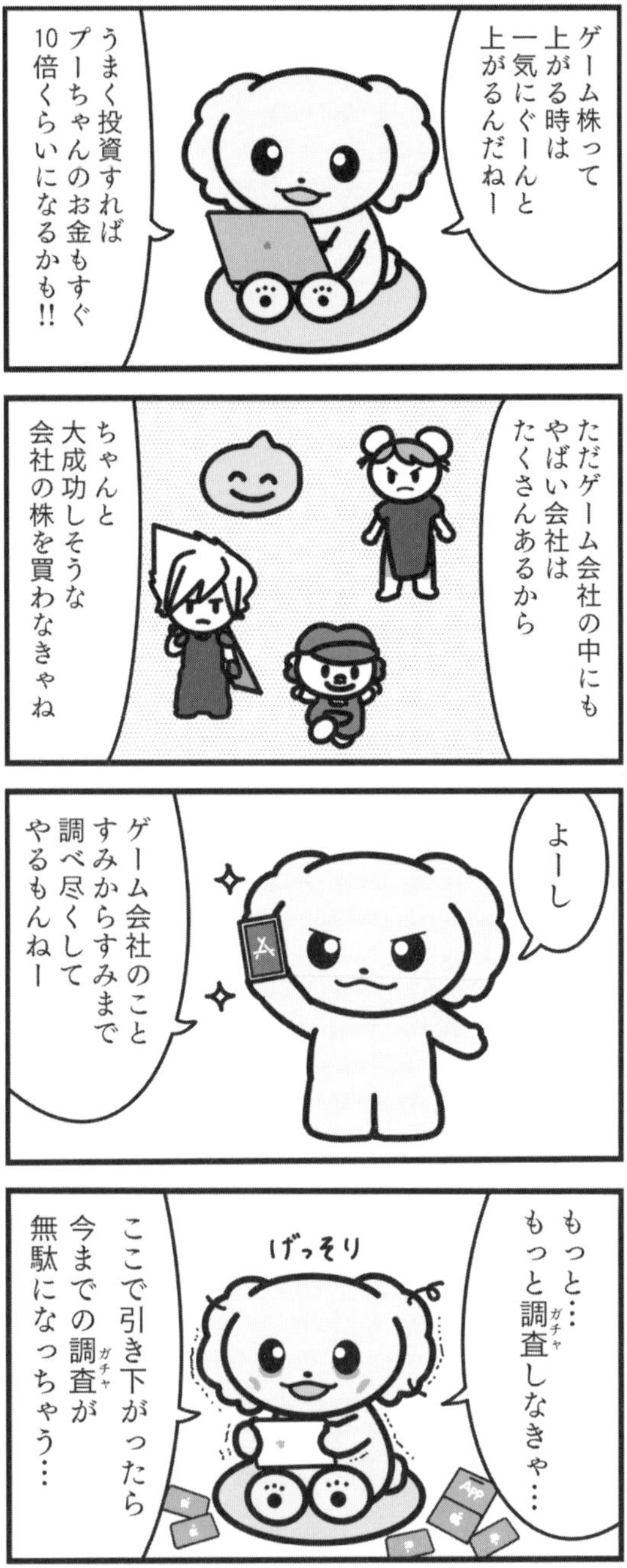
ゲーム株って上がる時は一気にぐーんと上がるんだねー
うまく投資すればプーちゃんのお金もすぐ10倍くらいになるかも!!
ただゲーム会社の中にもやばい会社はたくさんあるから
ちゃんと大成功しそうな会社の株を買わなきゃね
よーし
ゲーム会社のことすみからすみまで調べ尽くしてやるもんねー
もっと…もっと調査《ガチャ》しなきゃ…
げっそり
ここで引き下がったら今までの調査《ガチャ》が無駄になっちゃう…

わん! POINT

ゲーム会社は1つのヒット作が業績に与える変化の影響が大きいから、未発表の作品への期待の影響も含めて、株価の動きが大きくなりやすい。ただし、当たり・外れの予想は難しいから、儲かる株を安く買うのは容易ではない。会社の調査は株式投資の大きな楽しみだから、プーちゃんも大いにやるといいが、ゲーム業界に限らず会社を「すみからすみまで調べ尽くす」ことはプロにも不可能なのだと知っておこう。

ゲーム株②

プーちゃんは
ゲーム株の爆上げ要因が
主に2つある
ということに気づいた
①その会社が作った
ゲームが大ヒットする
②他社産の（大手ゲームメーカー）
大型IPを使用した
ゲームを手がけること
が決定する
※IP…ゲームのタイトルや
キャラクターなどの
知的財産
大ヒットするゲームって
なかなか出ないから
①の会社を当てるのは
難しそう…
ということで
プーちゃんは大型IPの
開発を依頼されそうな
会社を狙っちゃうもんねー
ムムッ
このゲーム会社……
(XXXX) ゴルフラブプロジェクト
25↓ −5（−16.7%）
企業概要 財務状況 資本移動
【特色】スマホ向けゲームの企画開発会社。ひたすらゴルフゲームばかりを制作。
【賭け】19年に投入した『宇宙人ゴルフ』『プロ野球選手ゴルフ』など10タイトル全てがヒットせず、一発逆転のため他社IPのゴルフゲー開発を狙う。
ポチー
大型IPの
キャラゴルフゲームを
依頼されそう!!
プーちゃん ここ買ってみる！
2か月後
ノウハウゼロで
リアルゴルフ業界
ゲーム開発会社
『ゴルフラブプロジェクト』10億円をかけ
現実世界のゴルフ場経営に進出
あっプーちゃんの株
やばいかも

わん！POINT

株式投資で難しい点の1つが、投資した会社が将来何を手掛けるか、経営方針の予想がつかないことだ。期待したビジネスをやらなかったり、あるいは将来やめてしまったりすることがあるし、やって欲しくないビジネスに手を出すこともある。会社を思い通りにしようと思ったら、株式を買い占めて自分が社長になるしかない。投資家にできる1番の防衛策は「分散投資」だ。

株価を上げるための努力

マルちゃん お待たせー
トコ トコ
えっ!? 待って!! プーちゃんなんでゴルファースタイルなの？ 今日行くの高級お寿司屋さんだよ？
この前プーちゃんのゲーム株が突如ゴルフ株になっちゃったんだー
だから街の人たちに少しでもゴルフを感じてもらってゴルフが流行ればうれしいなぁと思って
そ…そうなのね… でも街の人たちにアピールしても流行りを作り出すのは難しいからそういうのはほどほどにね
そっかー
うん！ わかったー
後日
今、ゴルフが熱い!!
Warwar
ワン・ワン
次号
「ハスキー特集」
巻頭グラビア
「ハスキー×雪」
監査
マガジン
1日発売
うわっ!! プーちゃん新聞広告出してる!!

わん！POINT

投資家は、自分が株式を持っている会社の製品やサービスを他人に宣伝したい気持ちになる。もちろん製品が売れて業績が改善して株価が上がって欲しいということもあるが、それ以上に会社を応援すること自体を幸せに感じたりする。新聞広告まで出すのはやり過ぎかもしれないけれども、プーちゃんは今回「幸せな株主」になったようだね。

IPO株

そろそろプーちゃんも IPO株に手を 出しちゃうもんねー
良さげなIPO株は なかなか当選しないから めげずに頑張るのよ
大丈夫! プーちゃん 当選するための 秘策があるんだー
この前 テレビで 見たもんねー
へー そんなのあるんだ すごいね
おいおいこいつ IPO当選のために まんじゅう送ってきたぞ…
プーちゃんに IPO株 「キャラソー」 100株当選 させてくださ
座番号 ○○○○○
こんなこと されてもなー
ん? まんじゅうの下に 何かある…?
うわあ時代劇かよー こんな金あるなら IPO買わんでいいってー
チャリーン
ここまでやってくるなんて 相当の執念だな…

わん! POINT

大まかに言うと、IPO（株式公開）は当選すると儲かりやすいけれども当たりにくく、上場初値での買いは誰でも買えるけれどもリスクの割には儲かりにくい。これは、証券会社が公開価格を低めに設定しがちなことによるが、ベンチャー企業の間では不満がある。投資家はIPOの当選を「祈る」のがせいぜいの努力だが、IPOも常に儲かるわけではないよ。

利益を伸ばす方法

プーちゃん最近すごい上手になってきたねー
フフフッ
この銘柄なんかよくここで利確せずに我慢したね
プーちゃん事前にイメージトレーニングをしてたから早すぎる利確をせずにすんだんだー
えっへん
そうなんだーどんなイメトレしてたの？
えーとねまずプーちゃんがおやどりになってね
キリッ
株が卵だとするでしょ
株
株
株
株
えっ？
それで外敵の「利確したい気持ち」から卵を守るイメージでのりきったんだー
利確したい気持ち
利
数字的なイメトレじゃないんだ…
○%上がるまでは絶対売らない！とか…

わん！POINT

「利食い千人力」という相場格言があるくらいで、利確（＝利益確定）の誘惑は強力だ。これを我慢するには、自分が感じる誘惑を「外敵」だと思うくらいの強い意志が必要なので、プーちゃんのイメトレは悪くない。有名なウォーレン・バフェット氏のような大投資家は含み益の出た持ち株をずーっと利確せずに投資し続けたから大金持ちになったのだ。「長期投資で大金持ち」になるイメトレも付け加えるといいね。

ストップ高

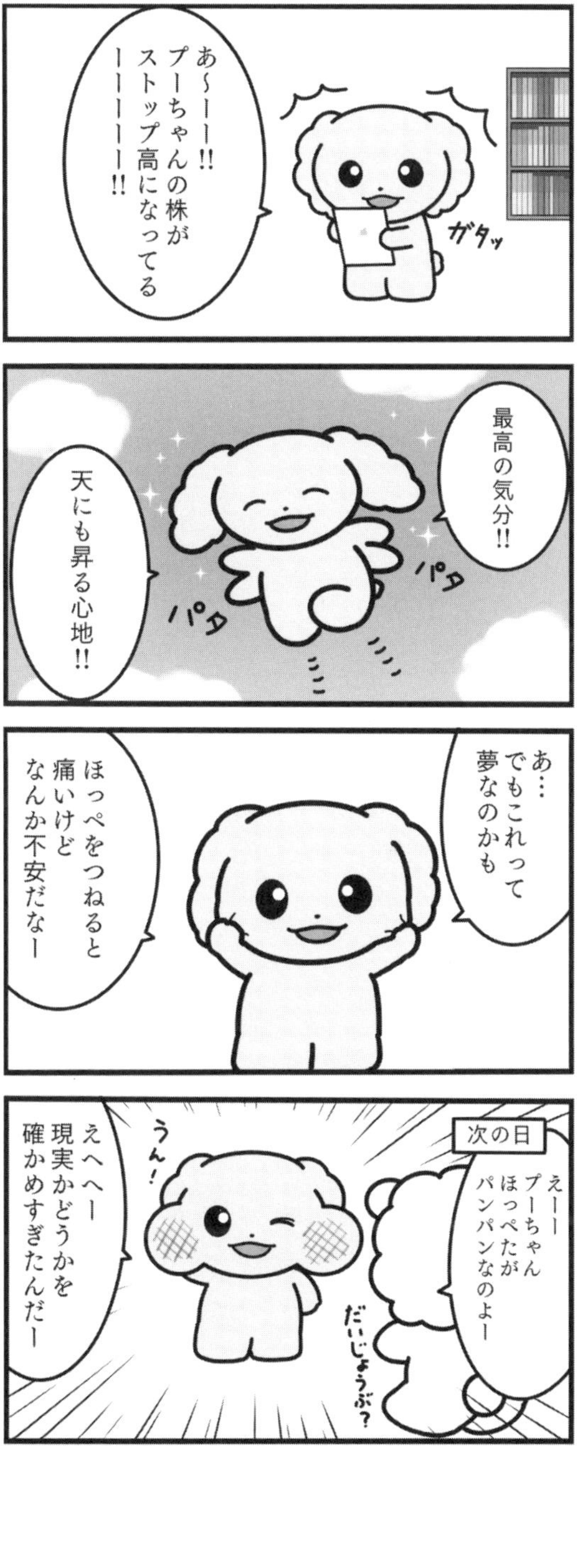
あ〜ーー!!
プーちゃんの株が
ストップ高になってる
ーーーーーー!!
ガタッ
最高の気分!!
天にも昇る心地!!
パタ
パタ
あ…
でもこれって
夢なのかも
ほっぺをつねると
痛いけど
なんか不安だなー
次の日
えーー
プーちゃん
ほっぺたが
パンパンなのよー
だいじょうぶ?
うん!
えへへー
現実かどうかを
確かめすぎたんだー

わん！POINT

解説者もファンドマネージャー時代に経験があるけれども、持ち株の「ストップ高！」はいい気分だ。その日は1日喜んでもいいと思う。ただし、ストップ高はたいていの場合次の日が勝負だから、今日の買いの株数と売りの株数を調べて、明日に備える心がけが必要だ。もっとも、事業の内容がいいと思って投資している会社なら、株価がストップ高でも、ストップ安でも、理由さえわかれば気にせずに持ち続けるのが正解だ。

損切りは大切

「パクチーロドリゲス」
買
プーちゃんが 1ヵ月くらい前に買った 2種の株の下落が 止まらないよー
「チームマサル」
買
この2つはこの先も まだまだ下がると思うし このまま持ってちゃだめだ… マルちゃんも
損切りは すごく 大切だよ！
って言ってたもんね
損切りしたお金で 今のりにのってる 「キングムーチョ」 を買って大逆転 しちゃうもんねー
ポチー
「キングムーチョ」 直近1ケ月チャート
次の日
なんで こうなるの ー!!
キング ムーチョ −16.00%
パクチー ロドリゲス ＋7.83%
チームマサル ＋12.51%

わん！POINT

株式でも短期の売買はゼロサムゲーム的な「投機」の側面が大きくなるので、「損切り」は必要な場合がある。ただし、株式投資一般について言うと、株価形成の際にリスクプレミアム（リスク負担の代償として投資家が要求する追加的なリターンのこと）が含まれているので、ＦＸ（外国為替証拠金取引）のような投機の場合と比べると、損切りはそれほど必要ではないし、上手くも行きにくい。短期の株トレードにハマるとわからなくなるから気をつけよう。

指数につられる

やっぱり日経平均が暴落するとプーちゃんの保有株もつられて下がっちゃうなー
日経平均株価 Nikkei225
現在値 29906.18
前日比 −593.87
こういう日はしかたないのねー
浦島太郎を待つカメのように
じっ…
助けがくるまで我慢!!
今は耐え忍ぶ時なのよー
数日後
あー今日は日経平均爆上げしてるー
日経連動インデックスも爆上げなのよー
あ…プーちゃんの株全然上がってない…
下がる時だけつられて下がるのなんなの…

わん! POINT

銘柄にもよるけれども、株価の変動要因は、市場全体の上げ下げに連動する部分と、主に利益予想の変更やそれを連想させるニュースによる銘柄固有の要因の2つが主な成分だと考えるといい（その他に市場内での売り買いによる単なる変動があるけど）。指数と自分の持ち株の値動きが逆行している時は、自分の持ち株に何か固有の理由がある可能性が大いにある。プーちゃんは、嘆くだけでなく、理由を考えるべきだ。

決算ギャンブル

ずーん
プーちゃんの株決算が予想の半分くらいの結果で暴落しちゃった…
急上昇を期待して不安定な小型株の決算またぎをするのはやめた方がいいね
決算
今度からはちゃんと決算前に手仕舞いするぞー
1ヶ月後
ん？ 3日後に決算発表の株がある!!
ちゃんと手仕舞いしなきゃ 手仕舞い、手仕舞い ささっと手仕舞い しちゃうもんねー
そうそう 手仕舞いしなきゃねー
手仕舞いしたらダメだよ!! 爆上げチャンスを失うよっ!!
てじ… プーちゃん爆上げチャンス失いたくない!!
1コマ目に戻る

わん！POINT

決算は「新しい情報が出る時」だ。投資家の予想と新しい情報のギャップによって株価は上下どちらかに大きく振れやすい。そして、特に小型株ではその傾向が拡大する。だから、目一杯のリスクを取って短期売買している投資家は決算前に手仕舞うことに一理ある。しかし、会社の将来性その他に「理由があって」持っている株なら「決算またぎ」はむしろ期待の時だ。「手仕舞いなさい」が常に天使の言葉ではないな。

耐えられる損、耐えられない損

え？
あれ プーちゃんじゃ…
ゴソ
ゴソ
プーちゃんー こんな夜遅くに 何してるのー？
ビションちゃん!! プーちゃんねー 今日この砂場で 遊んでた時に100円玉を 落としちゃったみたいで ずっと探してるんだー
プーちゃん 株で数十万負けるのは 平気だけど
砂にのみこまれた100円は 諦めきれないんだー
その気持ちわかるのよー でも夜は危ないから 早めに切り上げるのよー
うわぁー あれから ずっと探してる っぽいのよー
犬マンション掲示板
不審者情報
1週間ほど前から毎晩「見つからないもんねー」と言いながら近所の公園の砂場を荒らしている模様。危ないので近づかないで！
ドッグヨガ教室 お問い合わせは 701 イタグレまで！
水道工事のお知らせ 来週月曜日 ご迷惑を おかけします

わん！POINT

株式投資の損よりも、見当たらない現金のほうが、額が小さいのに気になるのは、お金の形によって損得を区別する「メンタル・アカウンティング」（心の会計）的な心理現象だ。しかし、考えてみると、株の損は自分で株価を動かして改善することができないのに対して、１００円玉は探す努力で発見の確率が高まるから、今回のプーちゃんは意外に経済合理的だと言えそうだ。しかし、使う時間と努力のコストも考えるほうがいいよ。

刺激が欲しくなる

うーん
増えてはいるけど
刺激が
ないのよー
ビションちゃんは
動きのゆるやかな
インデックス投資に
飽きてきていた
マンネリを防ぐために
動きの激しい
個別株を少しだけ
買ってみたいのよー
個別の鬼の
プーちゃんに
相談してみよー
プーちゃーん
わたくしに個別株を
教えて…ほし…
ふわ
えーーー
魂が抜けかけてるのよー
うっ
これは……
ビションちゃんは
プーちゃんの口座に広がる
吐き気を催すレベルの凄惨な
光景を目の当たりにした。
そしてこれ以後
個別株を買いたいと思う
ことは二度となかった。

わん！POINT

「分散投資は刺激が乏しい」「インデックス投資は退屈だ」という投資家さんはいるけれども、刺激が乏しい状態はリスクが小さいのだから、投資のセオリーにかなっている。個別株投資で、インデックス投資と大きく変わらないくらい「刺激のない」状態を作ることができたら、実は大変上手な運用だ。もっとも、一般に手軽なのはインデックス・ファンドへの投資だ。

米国株

プーちゃん ものを集めるのが 好きだから
今はペットボトルのふたが限界…
株もたくさんの種類集めたいけど高いんだよねー
最低100株とか無理だよー
話は聞かせてもらったわ
バタン!!
ジャーーン!
それなら「米国株」を始めるのはどう?
米国株?
そう 米国株なら全部一株から買えるから少ない資金でもいろいろな種類の株を買えるわよ
!
すごい!! プーちゃん明日から早速米国株やっちゃうもんねー
米国株を買いに渡米したプーちゃん

わん! POINT

もちろん少額の投資では儲かっても利益が小さいが、1株単位で買えるのは米国株のいいところだ。個人投資家でも多くの銘柄に分散投資できる。ただし、少額の投資だと、売買手数料と外国為替の手数料が投資金額に占める比率が高くなる傾向があるので、この点には注意したい。「1株単位」の投資は現実的ではない場合もある。

米国株の勉強

米国株は日本にいても買えるんだねー
プーちゃんあせって米国にいっちゃった
おかえり
そうよー日本の証券会社で買えるから簡単に始められるわよ
ただし日本株とは比べものにならないほど多種多様な株があるから
Microsoft
PG
Apple
Uber
ちゃんと勉強してから取引しないとねー
プーちゃんしっかり勉強して米国株でひと財産きずいちゃうもんねー
キリッ
頑張ってねー
エー
A
B
C
エー

わん! POINT

米国株は日本の証券会社で買える。近年、日本の投資家にも米国株が人気なので、証券会社は米国株に力を入れている。日本語の情報も増えてきた。米国には興味を惹く多くの会社があるし、運用対象としてはＥＴＦ（上場投資信託）も検討に値する。英語で米国企業の情報を調べるのはいい趣味だ。投資に関連する英語表現は投資に関係する単語を覚えると案外簡単に読める。大学入試の英文よりも簡単だし、当然面白い。

ニューヨーク・ダウ

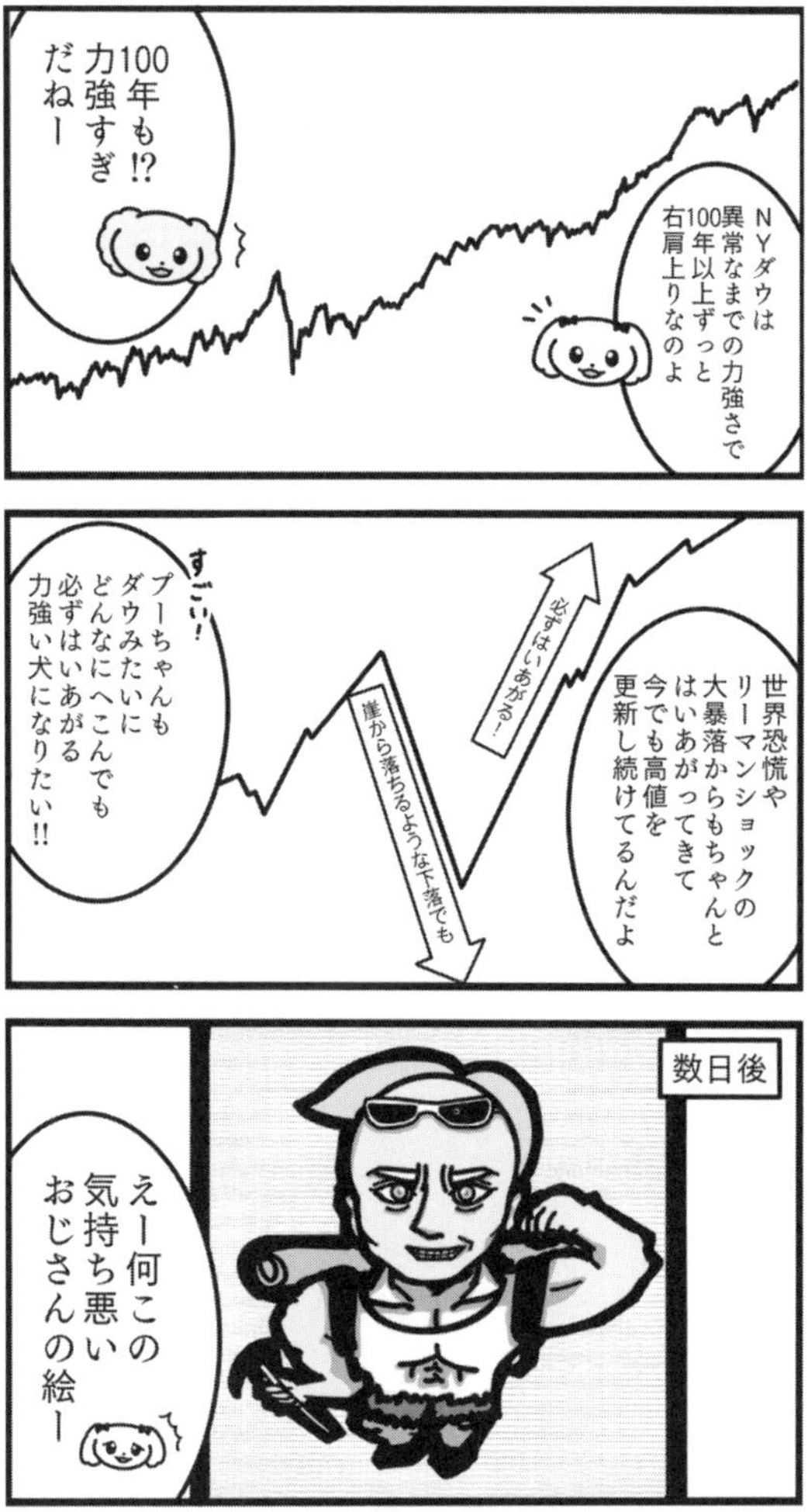
NYダウは異常なまでの力強さで100年以上ずっと右肩上りなのよ
100年も!? 力強すぎだねー
世界恐慌やリーマンショックの大暴落からもちゃんとはいあがってきて今でも高値を更新し続けてるんだよ
必ずはいあがる!
崖から落ちるような下落でも
すごい!
プーちゃんもダウみたいにどんなにへこんでも必ずはいあがる力強い犬になりたい!!
数日後
えー何この気持ち悪いおじさんの絵ー
プーちゃんダウみたいになりたくて部屋に貼ったんだー
似顔絵屋さんにダウの力強さを説明したら想像で描いてくれたんだよー
えっへん

わん！POINT

NYダウは米国の代表的な企業30社の株価から計算されていて、採用銘柄には時々入れ替えがある。まずこれら30銘柄を調べることから米国株投資の手掛かりを得るといい。NYダウに連動する投資信託やETFもあるけれども、率直に言って30銘柄では分散投資が不足している。S&P500という500社による株価指数に連動するもののほうがいいし、1つだけに投資するなら、比較の上では米国株を含む全世界株式に投資できるファンドのほうがさらにいい。

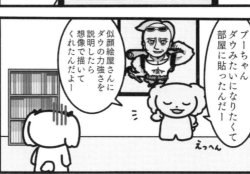

米国株式市場開場

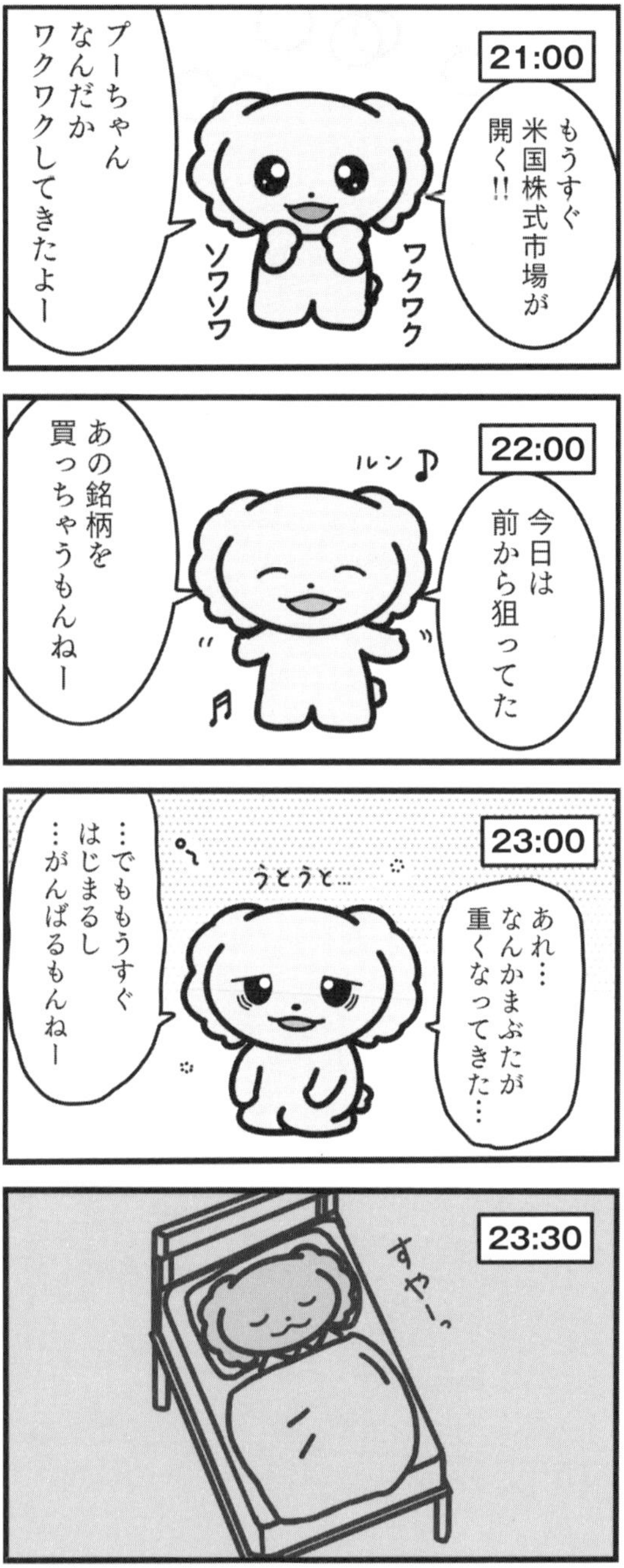
21:00
もうすぐ米国株式市場が開く!!
ワクワク
ソワソワ
プーちゃんなんだかワクワクしてきたよー
22:00
今日は前から狙ってた
ルン♪
あの銘柄を買っちゃうもんねー
23:00
あれ…なんかまぶたが重くなってきた…
うとうと…
…でももうすぐはじまるし…がんばるもんねー
23:30
すやー。

わん! POINT

米国は日本と時差が大きいから、早寝の人は米国市場を長々と見るのは難しい。株式の注文では「指値」もできるので、「この株価なら買いたい」と思う値段で注文しておいて、翌朝起きたら「買えていた!」と喜ぶイメージを持って寝付くのもいい。もっとも、株価は大きく動くことがあるし、米国株にはストップ安がないので、株数と金額にはくれぐれも注意して発注しよう。

円高

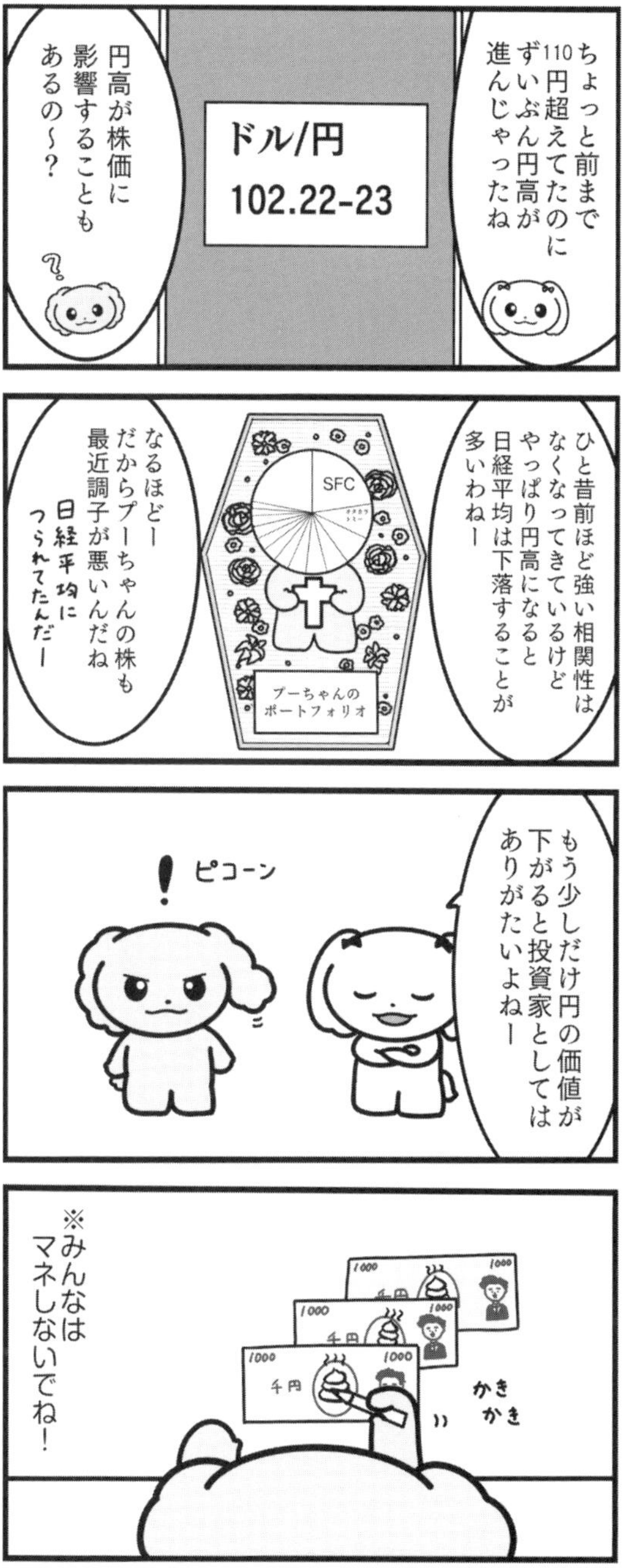
ちょっと前まで110円超えてたのにずいぶん円高が進んじゃったね
ドル/円
102.22-23
円高が株価に影響することもあるの～？
ひと昔前ほど強い相関性はなくなってきているけどやっぱり円高になると日経平均は下落することが多いわねー
SFC
プーちゃんのポートフォリオ
なるほどーだからプーちゃんの株も最近調子が悪いんだね
日経平均につられてたんだー
もう少しだけ円の価値が下がると投資家としてはありがたいよねー
ピコーン
※みんなはマネしないでね！
1000
千円
かきかき

わん！POINT

日本から米国株に投資すると、米国の株価の上下と為替レートの影響を受ける。NYダウが下がって、円高になった日にはダブルで損をする。加えて、日本株に投資していると、日本の株価は前日の米国の株価の動きに連動しやすいし、円高になるとさらに日本の株価は下落しやすい。つまり、米国株への投資と日本株への投資は連動性が高いので同時に損をする可能性がある。トータルの投資金額に気を付けよう。

ペニー株

ハイリスクハイリターンなペニー株がギャンブラーな投資家に人気なんだー
1株5ドル未満の「ペニー株」に投資して短期間で億を稼ごう！！
プーちゃんは堅実な投資家だからあまり関係ないけど勉強のために記事をしっかり読んじゃうもんねー
うーん…プーちゃん記事を読んでたら
少しだけ夢を見たくなってきちゃった…
そうだ!!
ペニー株を買った時はエクセルに買った理由をちゃんと書いて管理すればいいんだ!!
これなら堅実！
ポン
数ヶ月後
銘柄
買った理由
なんかすごそう
なんかすごそう
なんかすごそう
なんかすごそう
なんかすごそう
なんかすごそう
なんかよくわかんない株だらけになってきてプーちゃんやばいかも…

わん！POINT

ペニー株とは、今では5ドル以下の株価の株式を指す。日本なら「ボロ株」と呼ばれるような銘柄がほぼ該当する。典型的なのは業績が悪くて倒産のリスクがあったりする会社の株式だ。上下ともに株価の変動「率」が大きくリスクの高い投資対象だ。倒産する会社が何社かあることを覚悟しながら、何倍にもなる株を狙って広く分散投資して余裕資金で買うのが基本だ。プーちゃんの買い方は案外正しいかもしれない。

S&P500

プーちゃん米国株で全然勝てないんだー
センスないのかなぁ
プーちゃんは短期で結果を出そうとしすぎなんだよ
この前「MSFT《マイクロソフト》」でデイトレードしてたの見てやばいなと思ったよ
ポチ ポチ
勝ちたい 1ドルでいいから勝ちたい
うわぁ…
…プーちゃん少しでいいから米国株で勝ちたくて…
それならとりあえずSP500を買ってみたら?
爆発的に勝つことはできないけど長期で保有してれば勝てる可能性がすごく高いわよ
そうなんだー!! あとからSP500調べて買ってみる!!
あっマルちゃん見て見てーこの1ヶ月でSP500のうちなんとか34銘柄集めたよー
まだあと466銘柄もあるけど…
えっ!! ひとつずつ買ってんの!?

わん！POINT

S&P500とは大手企業500社の株価で計算される米国の代表的な株価指数で、計算上のウェイトは時価総額の大きな企業が大きい。「SP500を買う」とは通常は、この指数に連動するインデックス投信かETF（上場型投資信託）を買うことを指す。個別の株式に投資するよりも安定的なので、多くの投資家に好まれている。大富豪のW・バフェット氏がS&P500のETFで妻に遺産を渡すと言っている話が有名だ。

無理してFIREを目指す人

僕ねー
今「FIRE」目指して
株の勉強中なんだー
すごいねー!!
しかもそんな分厚い本
読んでてかっこいい!!
FIRE
株式投資
チラッ
プーちゃんの顧客
サトシ　52歳
働くのは
本当にしんどいから
ささっと株を極めて
早くFIREしたいよ
FIRE
を目指す人のための
株式投資
あれ？　でも…
この前サトシさん
ここ20年は働いてない
って言ってたから
もうFIREしてる
みたいな
感じになってるよ
プーちゃん
たしかに!!
じゃあ無理して
投資の勉強なんて
しなくていいか
ビリ
こんなものおおおおおー!!
うわぁ!!
ビリ
ビリ
プーちゃん

わん！POINT

最近、若い投資家でFIREを目指すと公言する人が増えている。投資に熱心なのはいいことだが、若い頃から爪に火（FIRE）を灯すように生活を切り詰めると、将来の稼ぐ能力が育たず、経験が不足したツマラナイ人間になることが少々心配になる。「教育」や「良い経験」のような言わば「自分への投資」は早いほうがより効果が大きい。金融資産への投資と自己投資とのバランスを取ることが重要だ。

FIREを達成した人

あれ？ ヨシエさん！こんな道端で何してるの？
あら〜プーちゃん久しぶりね〜!!
私ねー頑張って一千万円貯めてついにFIRE達成したのよぉ〜
プーちゃんの元顧客
ヨシエ 48歳
えーすごい!!
今はほとんど毎月配当金が入ってくるからどうしても足りない生活費の分だけこうやって好きなことで稼いでるの〜
よければプーちゃんも何かひとつ買っていって!?
君は実はすごい人！ ヨシエ
199,800円
頑張れば何でもできる！ ヨシエ
スペシャルプライス 49,800円 43,800円
好きなだけ食べていいんだよ ヨシエ
49,800円
うわっけっこう足りてないっぽい!!

わん！POINT

インデックス・ファンドに期待できるリターンを4％（5％に税金2割で）とすると、年間生活費の25倍のお金を作ると運用益で生活して資産が減らない状態を期待できるので、FIREの1つの目処になる。ヨシエさんの1千万円は年間40万円生活ならFIREだ。もっとも、お金を増やさなくても、好きな仕事で稼げる能力と働き口がある人を目指すほうが安心で幸せなのではないだろうか。

株女子あるある？

わん！POINT

株女子ねっ！　実は女性は男性よりも投資に向いているとした有名な研究がある。米国のある証券会社の数万口座を調べたら、女性のほうが男性よりも年間１％くらい運用成績が良かったのだ。そしてこの「１％」の差は、男女の売買手数料の差と同程度だったという。論文は、男性は自信過剰なので余計な売買をするから手数料の分損をするのだろうと推論していた。

ユーチューバー

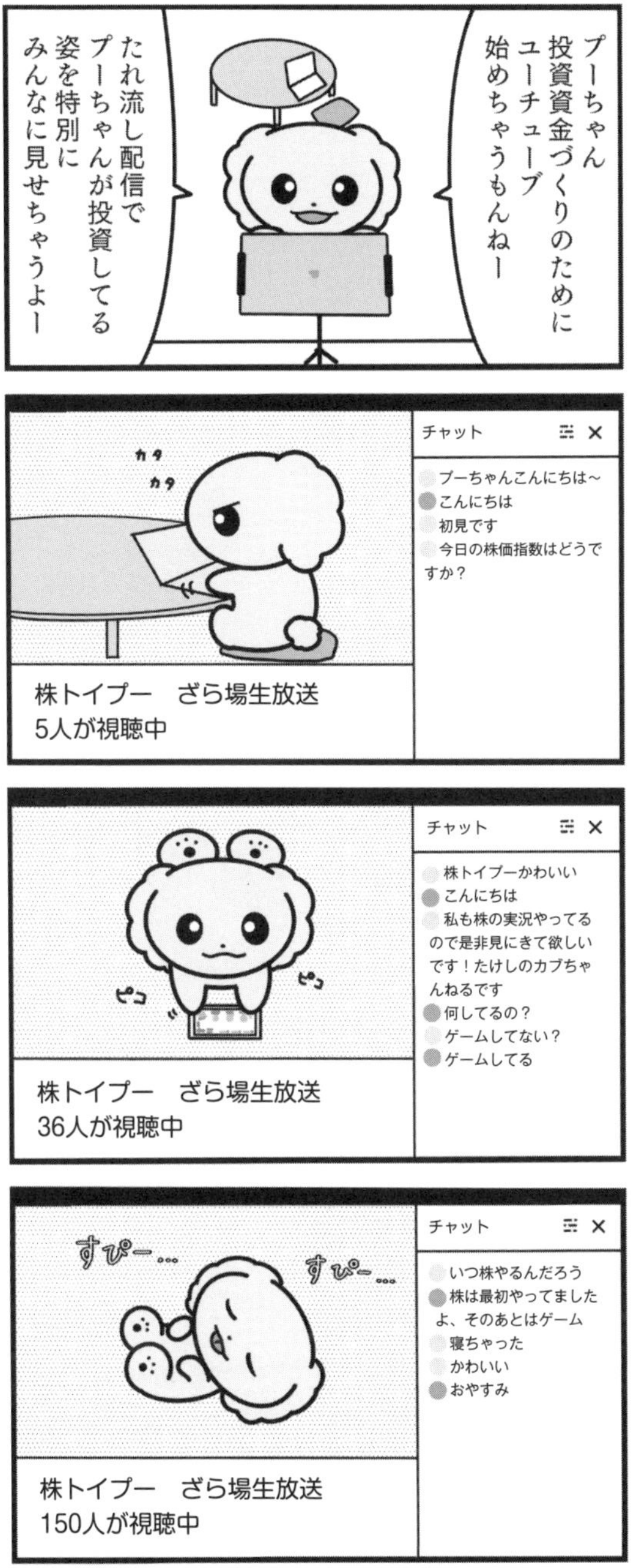
プーちゃん投資資金づくりのためにユーチューブ始めちゃうもんねー
たれ流し配信でプーちゃんが投資してる姿を特別にみんなに見せちゃうよー
カタ
カタ
チャット
プーちゃんこんにちは～
こんにちは
初見です
今日の株価指数はどうですか？
株トイプー　ざら場生放送
5人が視聴中
ピコ
ピコ
チャット
株トイプーかわいい
こんにちは
私も株の実況やってるので是非見にきて欲しいです！たけしのカブちゃんねるです
何してるの？
ゲームしてない？
ゲームしてる
株トイプー　ざら場生放送
36人が視聴中
すぴー…
すぴー…
チャット
いつ株やるんだろう
株は最初やってましたよ、そのあとはゲーム
寝ちゃった
かわいい
おやすみ
株トイプー　ざら場生放送
150人が視聴中

わん！POINT

スタート時点では、投資とは「売ったり・買ったり」することだと誤解していて心配させたプーちゃんだったが、ついに最終話の直前になって、投資とは「株を持っている状態」なのだと気がついてくれたようだ。売り買いをせずに、気持ちよさそうに眠っているプーちゃんこそが、理想的な株式投資家の姿なのだ！　株式は寝ている間に育つものだ。プーちゃんは素晴らしい投資教育ユーチューバーになった。

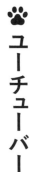

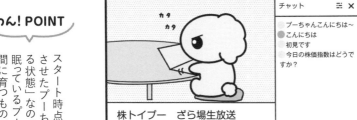

時は流れ

あー！
もちろん知ってます!!
今みたいに有名になる
ずっと前から…
またいつか
デートしたいな
ウォーキングドッグ
きなこ
ソラ
モモ
チョコ
ココ
1時間 6,980円〜
指定散歩コースのみ
七三@スーパー投資家
当然知ってますよ。
今投資業界で一番勢いがあるのは間違いなく彼らでしょう。
その昔直接質問を受けたことがなつかしいです。
え？
街頭インタビュー？
いいですよ
…ああ、知ってます
最近テレビや新聞で
よく見ますよ
プーファンドでしょ

わん！POINT

「プーファンド」か。プーちゃん達はついに運用会社を作ったのか。おめでとう！ビションちゃんは投資をよく理解しているし、マルちゃんは株トレードに慣れているし、今やプーちゃんも「株は寝かせて育てる！」奥義を学んだから有望なファンドマネージャーだ。もともと、「犬も歩けば、株に当たる」と言われるくらいのものだ。勢いは止まりそうにない。

いぬまん
日本株、米国株、ETFへの長期投資をメインにしている投資家。全投資家に投資を楽しんでもらいながら、自然と勝てるようになってほしいと思い、株式投資の参考になる漫画や投資初心者向けの情報をツイートしている。@inuman_kabu

山崎 元（やまざき・はじめ）
経済評論家。楽天証券経済研究所客員研究員。（株）マイベンチマーク代表取締役。1958年北海道生まれ。1981年東京大学経済学部卒業、三菱商事に入社後金融関係の会社に12回の転職を経て現職。資産運用を中心に経済一般に広く発言。

株《かぶ》での負《ま》けを癒《いや》す脱力系《だつりょくけい》コミック
株《かぶ》トイプー物語《ものがたり》
投資《とうし》の楽《たの》しさ・怖《こわ》さ・勝《か》てるコツが1《いち》からわかる！

2022年3月22日　初版発行

著・画／いぬまん
解説／山崎《やまざき》 元《はじめ》
発行者／青柳昌行
発行／株式会社KADOKAWA
〒102-8177　東京都千代田区富士見2-13-3
電話 0570-002-301（ナビダイヤル）
印刷・製本／大日本印刷株式会社

●お問い合わせ
https://www.kadokawa.co.jp/（「お問い合わせ」へお進みください）
※内容によっては、お答えできない場合があります。
※サポートは日本国内に限らせていただきます。
※Japanese text only

定価はカバーに表示してあります。

ISBN 978-4-04-111263-2　C0033
デザイン／八木麻祐子（ISSHIKI）
編集／工藤裕一（KADOKAWA　教養統括部　ビジネス・ノンフィクション部）